# 変革期における介護福祉士養成教育の現状

## コロナ禍と留学生の存在を視野に入れて

阿部　敦

GTP 東京学芸大学出版会

# 目 次

## 第3章　わが国の介護福祉士養成教員が抱く「介護福祉」をとりまく課題認識
　　　──階層的クラスター分析による「現状の課題」と「将来像」に関する一考察──

## 第4章　横山壽一教授とのインタビュー談話記録
　　　──介護福祉士養成教育に関する調査結果を踏まえて──

## 第5章　川口啓子教授および小田史教授とのインタビュー談話記録
### ——介護福祉士養成教育に関する調査結果を踏まえて——

## 結　論

# 序　論


　本書の目的は、大きく分けて2つある。1つ目は、課題山積といわれて久しいわが国の介護福祉士養成教育および介護福祉をとりまく現状について、それらの実態に接近することである。2つ目は、1つ目の実態把握を踏まえた上で、現状改善に資する政策の大枠的な特徴について理解を深めることである。

　すでに多くの研究がなされている介護福祉をとりまく実態把握について、今、改めて、類似の課題に取り組む意義は何か。それは、次の2つの影響を考慮に入れた実態把握が、現状改善に資する効率的な政策提言を行う上で、必須となると考えられるからである。その2つの影響とは、（1）介護福祉士養成課程で学ぶ外国人留学生の急増、（2）コロナ禍における教育環境の激変、である。

　はじめに、介護福祉士養成課程で学ぶ外国人留学生の増加に起因する、少なくともその影響によるものと合理的に捉えることが可能な変化についてである。数多くの影響、変化を想定することができるが、相当数の学生に影響を与える重要事項として、主要な介護福祉士養成テキストにおける変化を指摘することができる。というのも、最新の主要テキストでは——従来のテキストでは考えられなかったのだが——小学校レベルの基礎的な漢字にすらルビをふっているものが、主流になっているからである。これは当然ながら、増加する外国人留学生に配慮したテキストの変化である。

　ルビの多用は、日本語を母語としない外国人留学生にとっては、肯定的に評価し得る配慮である。しかしそのテキストは、留学生だけでなく、日本語を母語とする大学生や専門学校生も使用するものである。

　さらに、小学校レベルの基礎的な漢字にすらルビがふられたテキストが、大学や専門学校のテキストとして採用されているという現実から容

易に連想されることだが、テキスト内容の理解促進という配慮に引きずられ過ぎると、発展的な知見（の記載）が限定的になる可能性がある。よって、仮にも従来のテキストと比較した際、前記のような傾向が認められるようであれば、それは「学習内容の削減」や「学習範囲の縮小」という意味で、否定的に捉えざるを得ないであろう。

次に、コロナ禍における教育環境の激変、およびそれがもたらす影響、変化についてである。いくつもの実例を指摘することができるが、とりわけ顕著だったのは、大学、短期大学、専門学校などの教育機関の如何を問わず、相当数の介護福祉士養成施設において「学外実習」が中止となったことである。

高齢者福祉施設などにおける実践的な介護体験を基軸にした「学外実習」中止の措置は、新型コロナ感染防止の観点から、当然の対応ではある。しかし、介護福祉士の国家試験受験資格を付与するためには、「学外実習」は必須科目となっている。そこで、厚生労働省や文部科学省は、「福祉医療系の学外実習は学内実習でも代替可能」とする特別措置を表明した。

この措置は、当然のことながら、ステイクホルダー全員に大きな影響をもたらすこととなった。たとえば、この現実を学生の観点からみれば、サービス利用者に接することなく、緊張感を伴うとは言い難い（通い慣れた）学内施設での実習的体験が、「学外実習と同等」の扱いにされたことになる。しかも、こうした「リアリティーの欠如した学内実習」は、養成施設によっては、ほとんど座学と変わらない学習内容にとどまる可能性もあり、事実、そうした実例はいくつもの養成施設で認められた。

さらに前記の特別措置により、学生が在籍する学年次第では、一切の学外施設での実習を経ることなく、介護福祉士の受験資格を得ることが可能となった。実際、2年制の介護福祉士養成施設で学ぶ2年生（当時）は、施設の方針によっては前記のケースに該当することになり、座学の試験にさえ合格すれば、ほとんど実践経験を積むことなく、介護福祉士を名乗ることすら可能となったのである。

このように、近年の介護福祉士養成教育および介護福祉をとりまく現状を理解する上では、外国人留学生の増加とコロナ禍という2つの変

化を意識した実態把握が、極めて重要となる。あまりに劇的な変化が、短期間のうちに生じてしまったからである。

　そこで筆者は、現状を的確かつ効率的に把握する目的で、介護福祉の実践現場と教育現場の双方に精通している（ベテランの）介護福祉士養成教員に注目することとした。具体的には、彼ら彼女らに対して、「介護福祉士養成教育の現状（前記テキストの件を含む）」、「介護福祉をとりまく現時点における課題」、そして、「介護福祉をとりまく将来的な課題（もしくは予測）」の３点について、インタビュー調査と書面によるアンケート調査を実施することとした。そして、こうした複数の検証作業を通じて、的確かつ効率的な実態把握と、現状改善に資する政策の大枠的特徴の把握に努めることとした。

　そこで、これらの問題意識、調査項目、調査手法等を意識して、本書の枠組みを次の４項目から構成することとした。

　１つ目は、最新の主要な介護福祉士養成テキストを精査し、その特徴を明らかにすることである。既述の問題意識を踏まえれば、外国人留学生の増加が、ルビの表記にとどまらず、テキスト全体における学習内容、学習範囲などにも影響を与えているのか否かを検証することになる。視点を変えて表現すれば、当該テキストを介して、どのような介護福祉従事者の育成が目指されているのかを検証する、ということである。

　２つ目は、介護福祉士養成教育に携わるベテラン教員らを対象にしたインタビュー調査を行うことである。その際、前記３項目の中の「介護福祉士養成教育の現状」と「介護福祉をとりまく現時点における課題」の２項目をメインに、調査を行うこととした。なお、「介護福祉士養成教育の現状」を問う際には、（１つ目の課題となる）テキスト分析から導かれるいくつかの知見に関しても、併せて問うこととした。その理由は、次のような状況が想定されるからである。

　たとえば、介護福祉士養成課程で学ぶ外国人留学生の増加に伴い、養成テキストの内容が、想定以上に簡略化されていることが、分析結果から導かれたとする。単純に考えれば、学習内容の簡略、学習範囲の縮小という傾向は、将来の介護福祉従事者の質的低下につながる。

しかし現実レベルでは、テキストの削除箇所などを補うように意識した教員側の十分な配慮により、結果として、相応の教育水準が担保されている可能性は否定できない。また、外国人留学生に対する日本語学習機会を相応に提供することで、テキスト理解はもちろん、追加的な知見が教授されている可能性も（少なくとも理論上は）想定される。

　すなわち、テキストの簡略化にもかかわらず、教育水準の観点からみて、質の低下は生じていない可能性も想定される、ということである。こうした見解が成立する以上、単にテキスト分析から導かれる直線的な解釈、実態の推察だけでは不十分になる。ここに、現職教員を対象にしたインタビュー調査を実施する意義（の一つ）がある。

　3つ目は、わが国の介護福祉士養成教員らに対して、書面によるアンケート調査（中核部分は自由記入方式による）を実施することである。インタビュー調査では、主に「介護福祉士養成教育の現状」と「介護福祉をとりまく現時点における課題」について質問したが、アンケート調査では、ここに「介護福祉をとりまく将来的な課題（もしくは予想）」も加えることとした。その上で、自由記入欄に書かれた「現状の課題」と「将来の課題（予測）」についての文字データを、計量テキスト分析にかけることとした。

　計量テキスト分析を採用した理由は、インタビュー調査や自由記入欄における文字データの紹介だけでは、分析者の視点（＝すなわち主観）が介在しやすくなり、重要な情報であっても、それを軽視する可能性が生じるからである。それ故、インタビューのような質的データを量的に分析することは、分析過程の再現性を担保すると同時に、分析者の有するバイアスをできる限り排除し、分析結果の客観性を高めるための重要な作業となる[1]。そこで本書では、KH Coder による計量テキスト分析手法を用いて、介護福祉士養成教員による自由記入欄に書かれた「現状の課題」と「将来の課題（予測）」の記述内容を、客観的な観点から検証することとした。

　4つ目は、これまでの一連の検証・分析を通じて明らかにされた知見を、マクロ的な観点から捉え直すことで、現状改善に資する政策の（大

枠的な）特徴について理解を深めることである。

　いわゆる「介護福祉」は、学問的には社会保障の一領域になる。しかし、介護福祉士養成課程で教鞭をとる教員は、在学生の国家試験合格を最優先に取り組まざるを得ない状況下にある。その結果、介護福祉および関連領域における諸制度への関心は高くとも、社会保障政策全体のマクロ的な観点を意識した介護福祉政策のありように対する評価や、代替案の提案などについて言及することは限定的になりがちである。そもそもそのような設問は、国家試験に出題されないからである。

　そうした事由もあり、社会保障の専門家であり、かつ、マクロ的な観点からの分析に明るい横山壽一先生（佛教大学社会福祉学部教授、公益財団法人 日本総合医療研究所 副理事長）、および川口啓子先生（大阪健康福祉短期大学福祉実践研究センター教授）と小田史先生（大阪健康福祉短期大学介護福祉学科教授）に対して、分析結果を踏まえたインタビュー談話を依頼した。幸い各先生からの快諾を得ることができ、インタビューを実施することができた。これにより、筆者としては、介護福祉に対するマクロ的な視座と、現状改善に資する政策の（大枠的な）特徴についての見解を確認し、一定の方向性が得られたものと認識している。

　なお、本書の要旨は、各章の導入部分等に譲るが、最終的に導かれた改善策の基本的な方向性に関しては、ここで述べておきたい。それは、わが国の介護福祉士および介護福祉をとりまく諸課題を改善するには、介護福祉士や介護福祉従事者らによる個人レベルでの自助努力、および、福祉施設などによる組織レベルでの経営努力では、「問題解決のための中心的役割を果たせない」ということである。後述するアンケート調査結果などから導かれた「現在および将来の介護現場における困難や課題」を直視したならば、強化すべきは、政府が提唱する地域共生社会をベースにした「自助や互助」などではなく、公的責任それ自体だということである。

　すなわち、財政的な裏打ちのある公的責任による主体的な取り組みこそが、「現在および将来の介護現場における困難や課題」を克服する上で、

第一義的に求められるものであり、それが絶対条件になる、ということである。

　さらにその上で重視すべきは、貧困層拡大社会であるわが国の現状を直視したならば、介護を含む福祉サービスを利用できるだけの経済力を有するクライエントにとどまらず、ニーズを有するものの、経済的な理由からクライエントになれない人たちを福祉サービスから排除しない姿勢である。

　よって、前述した公的責任の強化・実施を検討する際に重要となるのは、「応能負担の原則」、「必要即応、必要充足の原則」をベースにした社会保障領域における公的政策の再構築を目指す視点である。もちろんのことだが、こうした政策には、介護福祉士、介護福祉従事者らを含む社会福祉従事者に対する待遇改善が、政策として一体化して行われる必要がある。

　以上、本書全体において明らかにすべき課題、枠組み、結論などを踏まえた上で、各論に移行する。


〔注〕
(1)　［赤堀将孝・他 2020］170 ～ 171 頁。

第 1 章

# 介護福祉士養成政策の変容に関する一考察
——介護福祉士養成テキスト 2018 年版と同 2019 年版の比較より——

## はじめに

　介護福祉従事者の中核となる介護福祉士は、1987 年の制度施行以降、2019 年度までに累計 169 万 4,630 人に資格が付与され、同時点における社会福祉士（24 万 5,181 人）、精神保健福祉士（8 万 9,121 人）と比べると、圧倒的な資格登録者数となっている[1]。また、介護労働安定センターの平成 29 年度「介護労働実態調査」によると、介護職の離職率は年間で 16.2％となっており、他の職種の平均離職率である 14.9％と比しても、少なくとも見た目に大きな差異はない[2]。

　だが、超高齢社会という現実は、より多くの介護福祉士をはじめとする介護福祉従事者を必要とするため、この点において、人材難であることは歴然とした事実である。しかし、国の政策をみる限り、当該職に対する抜本的な待遇改善策を講じるのではなく、むしろ、介護福祉士候補者の人材確保の枠を国際化することで、人材不足の一翼を補おうとする姿勢が顕著である。

　こうした国の人材確保政策には、次の問いが付随することになる。それは、わが国の介護福祉士養成教育は、果たして「目指すべき介護福祉士像」を満たす内容になっているのか、という質的側面への問いである。換言すれば、人材確保難が指摘される今、現場を担う介護福祉士一人一人の質がより重要になることから、わが国における介護福祉士養成「教育政策」の妥当性が、従来以上に問われている、ということである。

もちろん、「目指すべき介護福祉士像」には、多様な見解が成り立つ
だろう。たとえば、公益社団法人日本介護福祉士会が提唱する「目指す
べき介護福祉士像」は、「介護実習指導のためのガイドライン」（2019
年3月）に叙述されている [3]。ただし、そうした「目指すべき介護福
祉士像」が、同領域の経営者団体が求める介護福祉士像と、必ずしも一
致するとは限らない。

　また、後述する経済連携協定（EPA: Economic Partnership Agreement）
による介護福祉士候補者に関しては、建前上、「あくまでも経済活動を
通じた、国同士の連携強化を図ることが目的で、介護人材の不足を補充
するための措置ではありません [4]」とはいうものの、同制度を用いて
介護を学ぶ者にしてみれば、自らの第一義的な役割を「経済活動を通じ
た、国同士の連携強化を図ること」とは捉えていないであろう。そうで
ある以上、「目指すべき介護福祉士像」が、関係者間で確実に共有され
ているとは言い切れない。もちろん、こうした関係者間にみられる見解
と、要介護者の求めるものが一致するとも限らないだろう。

　そうした可能性を踏まえつつも、わが国で現時点において実際に「育
成されている介護福祉士」を把握することは可能である。それは、主要
な介護福祉士養成テキストを分析することによって得られる「介護福祉
士像」である。同養成テキストは、人種、国籍を問わず同一のものが使
用される可能性が高いことから、テキストを介して「どのような介護福
祉士の育成が図られているのか」を検証することが可能であると考えら
れる。

　しかし、筆者が介護福祉士養成テキストに注目した理由は、それだけ
にとどまるわけではない。今一つの理由は、主要な介護福祉士養成テキ
ストの 2018 年度版と 2019 年度版以降との間には、当該テキストを手
にした介護系教員であれば、誰もが気付くほどの劇的な変化が見受けら
れるからである。換言すれば、2018 年度版までの養成テキストを介し
て「育成されてきた介護福祉士」は、2019 年度版以降のテキストを介
して「育成されるであろう介護福祉士」とは異なる可能性が否定できな
い、ということである。もちろん、前述したように、人材確保難が指摘

される昨今、現場を担う介護福祉士一人一人の質がより重要になる介護現場において、この可能性がもたらす影響は非常に大きいといえよう。

　こうしたことから、筆者は——介護福祉士養成教育をとりまくこれまでの主な政策動向等を踏まえつつ——2018年度版と2019年度版の養成テキストを、次の諸点から比較検証することとした。それらは順に、①テキストの本文中における漢字のルビ対応、②分量と枠組み、③発展的知見の紹介等を目的とした推薦図書の有無、④索引に記載されたキーワードの類似性と差異、である。なお、紙幅の関係上、本章では筆者の見解を展開する上での必要最低限の資料紹介にとどめ、より詳細な資料は、今後の研究で取り扱うこととする。

　分析結果の要旨は、次のとおりである。（1）2018年度版までのテキストには、基本的に本文中にルビは認められないが、2019年度版以降になると、目次部分を除いて、相当程度の割合で漢字にルビがふられている、（2）文字が中心の頁を2018年と2019年度版で比較すると、1頁あたりの文字数に大きな違いは認められない、（3）その一方、図表を中心とした頁では顕著な差異が認められ、とりわけ丸々1頁分を図表として使用している頁数に関していえば、2019年度版では2018年度版の3.5倍近くになっている、（4）テキストの枠組みにも大きな変化がみられ、特に2018年度までは配置されていた「介護を必要とする人の理解」などの項目が削除され、2019年度以降では「多職種連携・協働」に絡んだ内容が繰り返し強調されるなど、重点箇所の変化が認められる、（5）推薦図書を含む参考文献等の紹介は、2019年度版以降のテキストでは認められない。これは介護の発展的な知識の修得よりも、基礎的事項の理解を重視した結果であると、合理的に解釈可能である、（6）索引に注目すると、2019年度以降、「国家責任の原理」という言葉が索引から削除され、併せて、公的扶助などに象徴される「人権としての社会保障」といった「権利性」という言葉も、よりファジーな表現になるケースが散見される等の特徴が認められる、などである。

　こうした分析結果を、国の近年の介護政策——在留資格（介護領域は2017年9月より開始）、外国人技能実習制度（介護領域は2017年11

月より開始）、特定技能１号（介護領域は 2019 年４月より開始）および、従来のインドネシア、フィリピン、ベトナムを対象とした経済連携協定（EPA）介護福祉士候補者に対しては、介護福祉士の国家試験問題にふりがなを記している現状——などと一体化して捉えた場合、本章における知見は、次のようにまとめることができる。（ⅰ）直近の介護福祉士養成テキストは、外国人学習者に対する配慮が著しい、（ⅱ）その配慮に付随しているのか否かは不明だが、結果として、従前のテキストと比較した場合、発展的な内容よりは基礎的な内容への偏重が見受けられる、（ⅲ）以上の諸点から、これからのテキストを介して「育成されるであろう介護福祉士」は、従来のテキストによって「育成されてきた介護福祉士」に類似する部分はあるものの、質的に異なる部分があることは否定できない、（ⅳ）その意味で、「目指すべき介護福祉士像」と、これから「育成されるであろう介護福祉士」との間に、どの程度の整合性があるのかが問われることになる、などである。端的に表現すれば、わが国における介護福祉士養成「教育政策」の妥当性が、従来以上に問われることになるといえよう。


# 1．近年の介護福祉士養成教育をとりまく主な特徴と政策動向


　はじめに、本章の中核である 2018 年度版と 2019 年度版のテキスト分析をするにあたり、介護福祉士養成教育をとりまくこれまでの主な政策動向について概観する。


## 1.1　外国人介護福祉従事者養成政策の展開

　介護福祉士の資格は、1987 年「社会福祉士及び介護福祉士法」によっ

て法令化され、既に 30 年以上が経過した。国内で介護福祉士を目指す場合、「実務経験ルート」、「養成施設ルート」、「福祉系高等学校ルート」、外国人を対象とした「経済連携協定（EPA）ルート」の主要 4 ルートがある。しかし 2021 年 9 月現在、国家試験の合格が介護福祉士資格取得の絶対条件とはなっていない [5]。この点は、前記の同一法内にある社会福祉士とは顕著な差異がある。

　また、ソーシャルワークには、社会福祉士、精神保健福祉士、医療ソーシャルワーカー等が含まれると指摘されるものの、介護福祉士はケアワーカーと分類されることが一般的である。実際、日本ソーシャルワーカー連盟（JFSW）の会員団体は、公益社団法人日本社会福祉士会、公益社団法人日本精神保健福祉士協会、公益社団法人日本医療社会福祉協会、特定非営利活動法人日本ソーシャルワーカー協会となっており、介護福祉士の専門職団体は認められない [6]。このように、社会福祉従事者の中でも最多の有資格者数を誇る介護福祉士ではあるものの、その資格は、少なくとも近隣領域の福祉系資格とは、別枠扱いをされている側面が否めない。

　しかし前記のとおり、超高齢社会であるわが国においては、介護職員の人材不足は従来以上に深刻化している。たとえば、経済産業省の試算（2018）によると、介護関連の従事者数は 2015 年が 183 万人で人材不足は 4 万人だったものが、2025 年には 43 万人、2035 年には 79 万人の不足が想定されている [7]。その穴埋めのため、国は外国人介護従事者の受け入れを積極的に行ってきた。

　外国から日本に留学して介護福祉士の資格を目指す場合には、次の 4 つのルートがある。それらは順に、①外国人技能実習制度（制度の趣旨＝本国への技能移転）、②経済連携協定＝EPA（同＝二国間の経済連携の強化）、③在留資格／介護（同＝専門的・技術的分野の外国人の受け入れ）、④特定技能 1 号／介護（同＝人手不足対応のための一定の専門性・技能を有する外国人の受入れ）である。

　これら外国人受け入れ制度の特徴を概観すると、①の外国人技能実習制度に関しては、制度それ自体は 1993 年から施行されている。しかし、

介護分野に対象が拡大したのは 2017 年になってからである。

　次に、②の経済連携協定（EPA）に関しては、2008 年度より EPA 介護福祉士候補者の受け入れが開始され、2019 年度までに、インドネシア、フィリピン、ベトナムの 3 カ国から、累計 5,026 名を受け入れている。一見すると、相当の受け入れ実績のように思われる。しかし、実際の介護福祉士に占める割合でみた場合、その比率は極めて限定的である。事実、第 32 回（2020 年）介護福祉士国家試験では 8 万 4,032 名が受験し、5 万 8,745 名が合格しているが、EPA 介護福祉士候補者からの合格者数は 337 名（全合格者の中の 0.57％あまり）にとどまっている [8]。

　また、③の在留資格（介護）は、2017 年 9 月 1 日より、就労ビザとして認められた比較的新しい在留資格になる。法務省入国管理局「平成 30 年（2018 年）6 月末現在における在留外国人数について（速報値）」によると、実績総数は、177 人である。

　そして、④の特定技能在留外国人（介護）は、2019 年 4 月に施行された最も新しい政策である。しかし、同制度開始から 9 カ月が経過した時点において、全職種の申請者数が 1,621 人であった中で、介護の申請者数はわずか 19 人にとどまっていた [9]。これは他業種の方が、多くの外国人に魅力度が高いだけでなく、国際間における人材確保競争が激化していることの反映でもある。

　このように、日本人学生であれ、外国人留学生であれ、介護福祉士を含む介護福祉従事者養成は、人材確保の観点から非常に厳しい状況にある。仮にも政府の見込み——介護領域は 5 年間で 6 万人の不足分を外国人介護従事者で補塡する——を単純計算するならば、年間 1 万 2,000 人ほどの受け入れが、①〜④を介して必要になる [10]。しかし、既述のデータを前にすれば、そのような見込みが非現実的であることは、容易に理解されよう。


## 1.2　介護福祉士養成施設で介護を学ぶ外国人留学生の増加

　前記のとおり、介護福祉士の「合格者に占める外国人留学生の割合」は、

極めて限定的である。しかし、そうした現実とは異なり、わが国政府の外国人介護福祉従事者への強い期待とそれに資する政策の導入は、介護福祉士養成施設への入学者数に占める外国人留学生数の増加（2015年～2020年）に表れている。実際、コロナ禍以前の入国制限前の時点では、介護福祉士養成施設において、外国人留学生の占める割合は急増していた。

これに関して【表1-1】からは、介護福祉士養成施設の入学者数減少に連動する形で、入学定員数の減少が確認される。実際、2016年の入学定員数は1万6,704人であったものが、2020年には1万3,619人に減少している。しかしながら、これを定員充足率でみた場合、近年、その割合は増加している。特に44.2%（2018年）から51.7%（2020年）という約7%もの上昇は注目されよう。

それでは、何が充足率増加の要因になったのであろうか。もちろん、定員減が充足率の向上に寄与した部分はあるが、入学者数の内訳をみてみると、別な側面がみえてくる。

実際、【表1-2】をみてみると、主にハローワークを経由する離職者訓練受入数に代表される日本人受講生は減っている一方で、外国人留学生の人数とその割合は、多国籍化を伴う形で増加していることが理解される。事実、同表から確認できるように、外国人留学生数は、257人（2016年）→ 591人（2017年）→ 1,142人（2018年）→ 2,037人（2019年）→ 2,395人（2020年）と、僅か数年の間に10倍近い伸びを示している。とはいえ、コロナ禍の状況次第では、今後の外国人留学生数は減少に転じる可能性もある。

この点に関係して、コロナ禍の2020年4月時点における外国人留学生の（前年度比）350人あまりの増加は、入学許可後、コロナによる緊急事態宣言に伴う入国制限前に日本に入国したケースと、入学は許可されたものの入国制限で母国にとどまり、そのままオンライン受講等による在籍を余儀なくされている2つのケースが想定される。

換言すれば、2021年4月以降の外国人留学生の入学状況がどのようなものになるのかは——その一部は、第2章の3.1で叙述している

【表1-1】介護福祉士養成施設の入学者数（各年度の4月時点）

|  | 2016年 | 2017年 | 2018年 | 2019年 | 2020年 |
|---|---|---|---|---|---|
| 養成施設数（課程） | 401 | 396 | 386 | 375 | 347 |
| 入学定員数（人） | 16,704 | 15,891 | 15,506 | 14,387 | 13,619 |
| 入学者数（人） | 7,752 | 7,258 | 6,856 | 6,982 | 7,042 |
| 定員充足率（%） | 46.4 | 45.7 | 44.2 | 48.5 | 51.7 |

出典：公益社団法人 日本介護福祉士会（2020）「介護福祉士養成施設への入学者数と外国人留学生」http://kaiyokyo.net/news/h28-r2_nyuugakusha_ryuugakusei.pdf（最終閲覧2021年8月20日）

【表1-2】介護福祉士養成施設の入学者の内訳（各年度の4月時点）

|  | 2016年 | 2017年 | 2018年 | 2019年 | 2020年 |
|---|---|---|---|---|---|
| 外国人留学生数(人) | 257 | 591 | 1,142 | 2,037 | 2,395 |
| 離職者訓練受入数(人) | 1,435 | 1,307 | 867 | 765 | 711 |
| 新卒者等（人） | 6,060 | 5,360 | 4,847 | 4,180 | 3,936 |
| 留学生数の出身国数 | 14 | 16 | 20 | 26 | 20 |

出典：【表1-1】に同じ。なお、新卒者等の数は、主に高校卒業生を示しており、その大半は日本人である。

が——コロナの収束度合いによる部分が大きい。とはいえ、コロナの変異株の発生等を鑑みたとき、介護福祉分野の新入生に占める外国人留学生が、2018年から2019年のように激増するという傾向の再来は、安易に期待すべきではないといえよう。

## 1.3　介護福祉士養成教育における学習時間の増大

　今後の外国人留学生の入学傾向は、安易に想定することはできない。しかしながら、既に在籍している外国人留学生に対しては、彼ら彼女らに対する教育を施さなくてはならない。それでは、こうした介護福祉士養成施設に占める外国人入学生の増加は、介護福祉士養成テキストに、

どのようなインパクトを与えることになるのだろうか。それは本章の主題である介護福祉士養成テキストの分析と表裏一体の問いになるものである。ただし、その前段階として、これまでの介護福祉士養成教育政策の主たる特徴について概説しておきたい。

　近年の介護福祉士養成カリキュラムには、2つの主要改革を指摘することができる。1つ目は、2009年4月の改革である。同改革のポイントは、カリキュラム内容が従前の13科目から、「人間と社会」、「介護」、「こころとからだのしくみ」の3領域14科目に再編され、学習時間数も1,650時間から1,800時間に増大した点である[11]。

　それから10年あまりが経過した2017年、2つ目の改革が行われた。改革の中核に位置するのは、2019年4月より「人間関係とコミュニケーション」の教育に含むべき事項に、チームマネジメントが追加され、時間数も30時間から60時間へと倍増されたことである[12]。こうしたカリキュラム改正には、社会保障審議会福祉部会福祉人材確保専門委員会「介護人材に求められる機能の明確化とキャリアパスの実現に向けて」（2017年10月）が大きな根拠となっている。事実、そこで強調されていることの1つは、チームマネジメントと表裏一体の関係となる多職種連携・協働である[13]。

　このように、介護福祉士の養成教育内容は、教育時間の観点からすれば、拡大路線が採用され、近年では、多職種連携・協働の観点が強調されてきた。こうした事実を単純に捉えれば、これは介護福祉士の専門性向上を意味するもののように思われる。

　しかし、ここで注意が必要になる。それは教育時間が増大したからといって、それが必ずしも質の向上を意味するとは言い切れないことである。それに加えて、2018年から2019年にかけて激増した介護福祉士養成施設における外国人留学生のインパクトがある。すなわち、日本語が母語ではない外国人留学生に対しても、学習内容が理解できるように工夫された教育を展開しつつ、なおかつ従来と比して、介護福祉士養成教育の水準を低下させないことが求められている、ということである。これは非常に重い課題である。

## 2．分析対象となる4つのテキスト


　本章において分析対象とするのは、2019年に中央法規出版から刊行された『最新・介護福祉士養成講座』（全15巻）の中の『最新 介護の基本Ⅰ』、『最新 介護の基本Ⅱ』、およびその2018年版である『新 介護の基本Ⅰ』（第3版）と『新 介護の基本Ⅱ』（第3版）の4冊である。「介護の基本Ⅰ・Ⅱ」は、介護福祉士養成科目の中でもタイトルの「基本」が示すとおり、中核科目の1つとなっている。

　社会福祉領域の国家資格のテキスト販売に関しては、2020年現在、中央法規出版が最大手であることからも、今回の分析対象のテキストとしては最適であると考えられる。ちなみに、ミネルヴァ書房は、介護福祉士養成テキストのシリーズを刊行していたが、2014年3月の刊行を最後に同シリーズは終了している。また、日本介護福祉士養成施設協会も介護福祉士養成テキストを刊行しているが、教科書販売の観点からすれば、中央法規がよりメジャーである。

　なお、紙幅の関係上、本章での詳述は控えるが、介護福祉のテキストや教科書分析に関する過去10年間の先行研究は30以上認められる。しかし、テキスト全体を分析対象とはしておらず、あくまでも記載内容の一部を分析対象とするにとどめているか、もしくは特定事項に対するテキストマイニングによる分析が認められるのみである。

　以上の結果、介護福祉士養成テキストを4冊、しかもそれらの全頁を検証対象とし、その比較分析を行うことで、介護福祉士養成教育政策の今日的特徴を浮き彫りにするという筆者の研究手法と同様のものは、過去10年あまりの主な先行研究を概観する限り、皆無である。

## 3．ルビの有無

　それでは、具体的な分析結果を端的に紹介する。はじめに、ルビの有無について 2018 年の旧テキストと、2019 年の新テキストを比較すると、「目次」部分を除くルビの有無が一目瞭然である。その際、どの程度の難易度の漢字にルビがふられているのかといえば、たとえば、『最新 介護の基本Ⅰ』（2019）の 72 頁と、『最新 介護の基本Ⅱ』（2019）の 4 頁には、「私」の部分にルビが認められる。ちなみに、「私」という漢字は、2020 年度学習指導要領準拠では、小学校 6 年生で学ぶ漢字である。

　こうしたルビに関して、出版元の中央法規出版のサイトには、「外国人留学生にも配慮してふりがなを充実（日本語能力試験 N3 レベルに対応）」との記載がある[14]。ちなみに、N3 級とは「日常的な場面で使われる日本語をある程度理解することができる」レベルのことである（第 2 章注（9）参照）。それ故、先程の「私」にも象徴されるように、圧倒的多数の日本人学生にとっては、小学校で学ぶような簡単な漢字にもルビがふられ、それを大学や専門学校の教科書として読むことが求められる状況が生じることになる。結果、新テキストで用いられている漢字の相当箇所には、ルビがふられている。このように、2019 年度以降の介護福祉士養成テキストでは、外国人留学生に著しく配慮したテキストが、日本人学生に対しても使用されているのが現状である。

## 4．文字数比較

　もっとも、ルビの有無は大きな問題ではないのかもしれない。という

【表 1-3】旧テキストと新テキストの 1 頁あたりの文字数と総頁数の比較

| | 2018 年度版<br>『新 介護の基本』<br>（旧テキスト） | 2019 年度版<br>『最新 介護の基本』<br>（新テキスト） |
|---|---|---|
| テキスト 1 頁あたりの文字数<br>（1 行分の文字数×1 頁あたりの行数） | 約 1,085 文字<br>（31 文字× 35 行） | 約 1,088 文字<br>（32 文字× 34 行） |
| テキスト（ I と II の）総頁数<br>注）索引の手前までの総頁数 | 457 頁 | 470 頁 |

【表 1-4】旧テキストと新テキストの図表・イラスト数等に関する比較

| | 2018 年度版<br>『新 介護の基本』<br>（旧テキスト） | 2019 年度版<br>『最新 介護の基本』<br>（新テキスト） |
|---|---|---|
| 図表写真などの資料数 | 102 箇所 | 191 箇所 |
| 図表等に 1 頁を割いている箇所<br>（テキストの I と II を一体的に捉えた場合） | 13 頁分 | 46 頁分 |

のは、より大きな問題は、そのルビを書き込むことから、1 頁あたりの（ルビを除いた）文字数が減少することによって生じ得る情報量そのものの減少である、という解釈も可能になるからである。そこで、2018 年度までの旧テキスト（2 冊分）と、2019 年度からの新テキスト（2 冊分）における 1 頁あたりの文字数を比較するとともに、総頁数の比較も併せて行った。その結果は、【表 1-3】のとおりである。

　同表から分かるように、2018 年度までの旧テキストと、2019 年度からの新テキストにおける 1 頁あたりの文字数には、ほとんど差はない。また、総頁数でも大差のないことが理解される。しかし、ここでも注意すべきことがある。それは、文字数や総頁数は同程度でも、情報量が同程度とは限らないからである。実際、特定項目を繰り返し論じていれば、文字数は同じでも、情報量は限定的となる。また、外国人留学生にも理解しやすいように、図表が多用されていれば、重要項目の理解促進は図られても、発展的課題までを扱うのは困難になる可能性がある。

そうした観点から、前記の条件で、図表などの資料の数、および図表が丸々1頁分使用されている箇所の数を比較した。その結果が【表1-4】となる。

　同表をみる限り、2019年度版のテキストには、外国人留学生にも理解しやすいように、図表が多用されていることが合理的に推察される。特に丸々1頁分を図表として使用している頁数が2019年度版では2018年度版の3.5倍近くになっている。これは明らかな激変である。よって、このことから、重要分野の理解促進は図られても、発展的課題までを扱うのは困難になるという前記の指摘が極論ではないことが理解されよう。なお、この点は、後述する推薦図書の有無の観点から、その主張の妥当性が確認されることになる。

　換言すれば、【表1-3】から導かれた「文字数は同程度」という結果は、文字が中心の頁にのみ該当することであり、テキスト全体に当てはまるものではない、ということである。それは同時に、次節で取り上げる「目次」による枠組みの比較の重要性を示唆することになる。なぜなら、「目次」部分に注目することにより、【表1-4】で指摘した図表やイラストの多用に伴って「削除された項目」を把握することが確認できるからである。


## 5．枠組みの比較


　前記の事由もあり、2019年度版のテキストから「消えた項目」、もしくは2018年度版まではなかったものの、2019年度版から「新たに組み込まれた項目」を確認することには、相応の意義がある。その比較検証の結果は、馬場敏彰が作成した【表1-5】と【表1-6】のとおりである[15]。

まずは、【表1-5】をご覧頂きたい。同資料は、2018年度版のテキスト『新 介護の基本Ⅰ・Ⅱ』には掲載されていた主要項目の中で、2019年度版の『最新 介護の基本Ⅰ・Ⅱ』では削除されていた項目の一覧である。なお、両者を比較した際、『最新 介護の基本Ⅰ・Ⅱ』に関しては、それを1つのテキストとして捉えた上で分析した。

　次に紹介する【表1-6】では、2018年度版まではなかったものの、2019年度版から「新たに組み込まれた項目」である。これをみると、従来以上に多職種連携・協働の部分が強調されていることが明白である。なお、こうした多職種との連携・協働という観点を起点に、専門職間における役割分担論へと展開する必然性から、介護福祉士養成教育が、結果的に「介護技術」論的な色合いを強める可能性がある、という指摘が散見されることは付記しておきたい。

　こうした比較検証から導かれる知見の詳述は、紙幅の関係上、今回は控えることとする。しかし最低限、次のことは指摘してよいであろう。それは、「介護を必要とする人の理解」などの項目が削除され、2019年度以降では「多職種連携・協働」に絡んだ観点が繰り返し強調されるなど、重点箇所の変化が認められる、ということである。

　なお、詳細は控えるが、テキスト内の「演習」の部分については、従来は学生間でディスカッションを促す形式が主に採用されていたが、2019年版からは空欄の穴埋め形式という「基礎知識を問うスタイル」へと変更された箇所が多くなっている。また、従来は発展的知見として紹介されていた推薦図書の情報は、2019年版からは全面的に削除されている。これは、前掲した基礎学力理解を重視するテキストへの変化を指摘したものに対応しているといえよう。

【表1-5】2018年度版のみにみられた項目(→2019年度版では削除された項目)

| 第1章 | | 自立に向けた介護とは |
|---|---|---|
| 第1節 | 第2項 | 日本における介護の成り立ち |
| | 第3項 | 介護の概念・定義 |
| | 第4項 | 「介護」の見方・考え方の変化 |
| 第2節 | | 「生活支援」としての介護とは |
| | 第1項 | 介護の専門性 |
| | 第2項 | 利用者に合わせた生活支援 |
| | 第3項 | 「自立」と「自律」に向けた支援 |
| | 第4項 | 介護サービスのあり方 |
| | 第5項 | 自らの「介護観」を育むことの重要性 |
| | 第6項 | 介護の仕事の本質的価値 |
| 第2章 | | 介護を必要とする人の理解 |
| 第4節 | | 生活障害の理解 |
| | 第1項 | 生活障害の視点 |
| | 第2項 | 生活障害の視点からとらえた認知症ケア |
| 第5節 | | 生活環境の重要性 |
| | 第1項 | 利用者に合った生活の場 |
| | 第2項 | 生活の利便性を向上させる道具と支援方法 |
| | 第3項 | こころの健康を奪う生活環境 |
| | 第4項 | 人的な生活環境の重要性 |
| | 第5項 | 「くつろぎの場」「安心できる生活の場」の整備 |
| | 第6項 | 「居場所づくり」における介護の視点 |
| 第3章 | | 介護のはたらきと基本的視点 |
| 第1節 | | さまざまな生活支援とその意義 |
| | 第1項 | 介護職が行う生活支援 |
| | 第2項 | 身体介護とその意義 |
| | 第3項 | 生活援助とその意義 |
| | 第4項 | 生活支援ニーズを見出す相談援助とその意義 |
| | 第5項 | 利用者・家族に対する精神的支援とその意義 |
| | 第6項 | 社会・文化的な援助とその意義 |
| 第4章 | | 介護サービスと介護福祉士の働く場 |
| 第1節 | | 介護サービスの特性 |
| | 第1項 | 介護サービスの意味と特性 |
| | 第2項 | ケアマネジメントの意味としくみ |
| | 第3項 | 介護サービスの歴史的変遷と時代背景 |
| | 第4項 | 介護サービスの種類と提供の場 |

## 【表1-6】2019年度版から新たに配置された主な項目

| 章、節、項 | 2019年度版『最新 介護の基本IとII』の一体的分析 | 章、節、項 | |
|---|---|---|---|
| Iの第2章 | 介護福祉士の役割と機能 | 2 | 多職種連携・協働のためのチームづくり |
| 第1節 | 介護福祉士の活動の場と役割 | 3 | 多様な視点と受容を必要とする協働 |
| 1 | 地域包括ケアシステム | 4 | 課題解決に対する多職種のかかわり |
| 2 | 介護予防 | 5 | 多職種協働を成功させるための介護技術と知識 |
| 3 | 医療的ケア | 6 | 多職種協働とホスピタリティ的視点 |
| 4 | 人生の最終段階の支援 | 7 | 多職種協働に求められるコミュニケーション能力 |
| 5 | 災害時の支援 | 第3節 | 保健・医療・福祉職の役割と機能 |
| 第3節 | 介護福祉士養成カリキュラムの変遷 | 1 | 社会福祉士 |
| 1 | 介護福祉士養成教育の始まり | 2 | 介護支援専門員（ケアマネジャー） |
| 2 | 社会福祉専門職に求められる役割の拡大 | 3 | 医師 |
| 3 | 介護福祉現場での中心的役割としての介護福祉士への期待 | 4 | 歯科医師 |
| 4 | チームリーダーとしての介護福祉士への期待 | 5 | 看護師 |
| 第4章 | 自立に向けた介護福祉のあり方 | 6 | 保健師 |
| 第1節 | 自立支援の考え方 | 7 | 理学療法士 |
| 1 | 自立支援とは | 8 | 作業療法士 |
| 2 | 自立支援とエンパワメントの考え方 | 9 | 言語聴覚士 |
| 3 | 自立支援とICF（国際生活機能分類）の考え方 | 10 | 管理栄養士・栄養士 |
| 第4節 | 自立支援と介護予防 | 11 | 歯科衛生士 |
| 1 | 介護予防の概要 | 12 | 公認心理師 |
| 2 | 介護予防の種類と特徴 | 13 | 薬剤師 |
| 3 | 高齢者の身体特性と介護予防 | 14 | サービス提供責任者 |
| 4 | 介護予防の実際 | 第4節 | 多職種連携・協働の実際 |
| 5 | 自立支援と介護予防 | 1 | 専門職連携実践とは何か |
| 6 | 介護予防における介護福祉士の役割 | 2 | 多職種における地域での連携・協働 |
| IIの第4章 第2節 | 多職種連携・協働に求められる基本的な能力 | 3 | 特別養護老人ホームの連携の実態調査から |
| 1 | 介護実践の場で多職種連携・協働が必要とされる意味 | 4 | 自立支援介護における多職種連携の実際 |

## 6. 全世代型社会保障改革から捉えた介護福祉士養成テキスト

　ところで、こうした最新の主要テキストの現状を、「全世代型社会保障検討会議中間報告」（2019年12月19日）にみられるマクロ的観点から捉え直した場合、どのような評価が可能になるのであろうか。この点に関しては、さまざまな論点を指摘することができるが、筆者として特に次の点を指摘しておきたい。

　まずは、同報告書における2種類の患者負担増におけるスタンス、すなわち、二木立が指摘するところの「『負担能力に応じた負担』を主張しながら、中所得者層の（医療機関における）窓口負担増のみを提案し、高所得者の保険料負担増にはまったく触れていない[16]」という現実が、介護政策に与える含意である。

　実際、これに関して同報告書では、「介護サービスと保険外サービスの組み合わせに関するルールの明確化」との表現で、混合介護を提案している[17]。そこには、介護保険に関わる更なる市場化・営利化の促進を目指す国の介護政策の本質が垣間みられる。もちろん、そうした政策からは、応能負担よりは応益負担、措置制度や権利としての社会保障ではなく契約制度、そして公的責任ではなく自助、互助などの言葉に連動しやすいものがある。

　そしてこうした指摘は、本章の分析対象である近年の介護福祉士養成テキストの記述内容と連動することになる。事実、2018年度テキストでは、「応能負担」という用語は、索引には認められない。2018年度版にみられるのは「応益負担」である。しかも、その「応益負担」という言葉すら、制度的には前提ということなのか、2019年度版からは、そもそも「応益負担」の言葉すら索引から消えている。併せて、「国家責任の原理」という言葉も消えている。その代わり、2019年度版からは、「公助」や「互助」などの言葉が索引に入り、人権に関しても、日本国憲法11条、13条、25条などの個別具体的な権利を示唆していた2018年度版から、具体性を連想しにくい「人として生きる権利」へと

【表 1-7】索引の変化（2018 年版→ 2019 年度版）の一例

| 索引にある用語の一部 | 2018 年度『新 介護の基本』（IとIIを一体的に捉えた場合） | 2019 年度『最新 介護の基本』（IとIIを一体的に捉えた場合） |
|---|---|---|
| 応能負担 | 記載なし | 記載なし |
| 応益負担 | 記載あり | 記載なし |
| 契約制度 | 記載あり | 記載あり |
| 国家責任の原理 | 記載あり | 削除<br>その代わりに「公助」や「互助」が掲載 |
| 憲法 11 条 | 記載あり | 削除<br>その代わりに「人として生きる権利」が掲載 |
| 憲法 13 条 | 記載あり | |
| 憲法 25 条 | 記載あり | |

表現が変更されている（【表 1-7】）。

　こうしてみると、社団法人日本介護福祉士会が提唱する「目指すべき介護福祉士像」（本章注 3 参照）と、これから最新の介護福祉士養成テキストによって「育成されようとしている介護福祉士」に、どの程度の整合性があるのかは、検討に値する課題だといえよう。


## 小括

　これまでの知見を統合的に捉えた場合、直近の介護福祉士養成テキストに関しては、次のように評価することが妥当となる。すなわち、（ i ）近年の介護福祉士養成テキストは外国人学習者に対する配慮が著しい、（ ii ）その配慮に付随しているのか否かは不明だが、それでも結果として、発展的な内容よりは基礎的な内容への偏重がみられる、（ iii ）これは従来の日本人学生が学んでいた発展的な知見に関しては、これからの日本人学生が学ぶ機会の減少につながりかねないものである。それは介

護教育を担当する者の個人レベルでの力量が非常に重要になることも含意する、（iv）以上の点から、これからのテキストを介して育成される「介護福祉士像」は、従来のテキストによって育成されてきた介護福祉士像と類似する部分はあるものの、質的に異なる部分が生じることは否定できない、（v）その意味で、わが国における介護福祉士養成「教育政策」の妥当性が、従来以上に問われることになる、ということになる。

　以上の点を鑑みたとき、今後は、外国人留学生に著しく配慮した「新しいテキスト」の含意を——全世代型社会保障改革の進展というマクロ的観点も意識しつつ——検証することが重要な研究課題になる。その際、圧倒的な多数派である日本人学生が日本語を母語としない外国人留学生と同じテキストを使用することのプラスとマイナスの両面を冷静に評価すべきである。また、国が介護領域に求める外国人は、介護福祉士になるのか、それとも単なる介護職従事者になるのかという見解は、テキスト分析の際の重要なクライテリアになるであろう[18]。

[注]
(1)　公益財団法人 社会福祉振興・試験センター（2020）「登録者の資格種類別——年度別の推移」
　　　http://www.sssc.or.jp/touroku/pdf/pdf_tourokusya_graph_r02.pdf（最終閲覧2021年8月21日）
(2)　公益財団法人 介護労働安定センター（2018）「平成29年度『介護労働実態調査』の結果——介護人材の不足感は4年連続増加」
　　　http://www.kaigo-center.or.jp/report/pdf/h29_chousa_kekka.pdf（最終閲覧2021年8月21日）
　　　ただし、ホームヘルパーなどの訪問介護に限定した場合、有効求人倍率は13.1倍（2019年）となっており、同年の全職業の平均倍率の1.46倍と比べるとおよそ9倍、介護職全体の平均の3.95倍と比べても3倍以上の高さとなっている（2020年1月10日：NHKニュースウオッチ9）。
(3)　同ガイドラインの6頁目を参照のこと。そこには、「目指すべき介護福祉士像」として——高い倫理性の保持を大前提に——10の項目を挙げている。次を参照。
　　　公益社団法人 日本介護福祉士会（2019）「介護実習指導のためのガイドライン」
　　　https://www.mhlw.go.jp/content/12200000/000525326.pdf（最終閲覧2021

年 8 月 20 日）

(4)　日本福祉教育専門学校（2021）「EPA 介護福祉士候補者とは?」https://www.nippku.ac.jp/license/cw/epa/（最終閲覧 2021 年 8 月 20 日）

(5)　公益財団法人 社会福祉振興・試験センター（2021）「介護福祉士国家試験 よくあるご質問」http://www.sssc.or.jp/kaigo/qa/q_a_all.html（最終閲覧 2021 年 8 月 20 日）

(6)　日本ソーシャルワーカー連盟（2021）「団体概要」http://jfsw.org/introduction/outline/（最終閲覧 2021 年 8 月 20 日）

(7)　SANKEI DIGITAL（2018）「介護人材不足、35 年に 79 万人 15 年の 20 倍 経産省試算」https://www.sankeibiz.jp/macro/news/180508/mca1805080500003-n1.htm（最終閲覧 2021 年 8 月 20 日）

(8)　厚生労働省（2020）「第 32 回介護福祉士国家試験結果 別添 1」https://www.mhlw.go.jp/content/12004000/000612617.pdf（最終閲覧 2021 年 8 月 20 日）

(9)　［日本経済新聞社（編）2020］203 頁。

(10)　同上、203 頁。

(11)　厚生労働省（2010）「第 2 回 今後の介護人材養成の在り方に関する検討会 資料 2」https://www.mhlw.go.jp/shingi/2010/04/dl/s0426-5c.pdf（最終閲覧 2021 年 8 月 20 日）

(12)　厚生労働省（2018）「『介護福祉士養成課程における教育内容の見直し』について」https://www.mhlw.go.jp/file/05-Shingikai-12601000-Seisakutoukatsukan-Sanjikanshitsu_Shakaihoshoutantou/0000194331.pdf（最終閲覧 2021 年 8 月 20 日）

(13)　たとえば、同資料の 5 頁には、「……様々な職種と連携しながら栄養状態の把握や口腔ケア、機能訓練などの業務を遂行できる多職種連携力といった能力が求められる。」との記載がある。次を参照。厚生労働省（2017）「介護人材に求められる機能の明確化とキャリアパスの実現に向けて」https://www.mhlw.go.jp/file/05-Shingikai-12601000-Seisakutoukatsukan-Sanjikanshitsu_Shakaihoshoutantou/0000179735.pdf（最終閲覧 2021 年 9 月 4 日）

(14)　中央法規（2019）「教育カリキュラムに対応! 最新 介護福祉士養成講座」https://www.chuohoki.co.jp/products/topic/static/4820825.html（最終閲覧 2021 年 8 月 20 日）

(15)　これら 2 つの資料は、本章執筆にお力添えを頂いた馬場敏彰氏（九州看護福祉大学専任講師）が、18 年以上にわたる介護福祉士養成教育における経験を踏まえ、2018 年度と 2019 年度の「介護の基本 I・II」の目次を、年度単位で一体的に捉える形で、類似項目ごとに区分したデータを基に作成している。なお、介護福祉士養成テキストは全 15 冊から構成されているため、今回の分析対象とした「介護の基本 I」と「介護の基本 II」以外の他のテキストで――2018 年度から 2019 年度にかけて――削除された箇所が補完されている可能性はある。とはいえ、コア科目となる「介護の基本 I・II」における変化は軽視すべきではない。また、ここでの詳述は控えるが、前出の馬場氏は、中央法規の他の養成テキストにも目を

通した上で、本資料を作成している点は明記しておく。

(16) ［二木立 2020］20 〜 25 頁。次も参照。全世代型社会保障検討会議 (2019)「全世代型社会保障検討会議 中間報告」https://www.kantei.go.jp/jp/singi/zensedaigata_shakaihoshou/pdf/cyukanhoukoku_r011219.pdf（最終閲覧 2021 年 8 月 20 日）

(17) 芝田英昭 (2020)「全世代型社会保障検討会議『中間報告』を読む」https://www.jichiken.jp/article/0163/（最終閲覧 2021 年 8 月 20 日）

(18) 厚生労働省は、訪問介護サービスについて、新型コロナの影響により人材を十分に確保できないときは、ホームヘルパーの資格（介護職員初任者研修修了）を持っていない職員でもサービスを提供できる、との規定を明らかにした (2020 年 4 月 27 日)。コロナ禍に伴う一時的な措置という位置付けであるが、無資格者でも訪問介護サービスが行えるよう認められたことの意味は、国の介護政策の本質の一端になるといえよう。次を参照。株式会社 プロトメディカルケア (2020)「訪問介護、人手不足ならヘルパー以外でも可 厚労省 コロナ対応で特例」https://www.heartpage.jp/contents/news/01-00219（最終閲覧 2021 年 8 月 20 日）


〔補注 -1〕本章では 2018 年度までの旧テキストと 2019 年度からの新テキストを比較検証しているが、2018 年度版の旧テキストは、本章執筆時においても、一部において使用されている。この点は付記しておきたい。

〔補注 -2〕2020 年 12 月 21 日に閣議決定した 2021 年度予算案において、厚生労働省は、介護人材の確保を目的とした新たな返済免除付き貸付事業として、「福祉系高校に通い、介護福祉士の資格取得を目指す生徒を対象とした『福祉系高校修学資金貸付事業』を創設、若者の介護分野への参入を促進する」とした。次を参照。『教育新聞』(2020 年 12 月 21 日)。

第 2 章

# 介護福祉士養成教員が抱く養成教育の現状認識
——外国人留学生の増加とコロナ禍による教育環境の激変期において——

## はじめに

　介護福祉士養成政策は、教育政策はもちろん、人材確保政策など、多様な観点から論じることが可能である。また、2020 年 4 月時点における介護福祉士養成施設の入学定員数は 13,619 人であるところ、実際の入学者数は 7,042 人、そのなかで外国人留学生数は 2,395 人となっており、留学生の割合は約 34％となっている [1]。それ故、外国人留学生に焦点をあてた養成政策の検証も重要となる。そこで筆者は、介護福祉士養成テキストの分析を通じて、介護福祉士養成政策の実像に迫ることとした。

　2019 年以降の主たる介護福祉士養成テキストを、2018 年までのテキストと比較して分析した結果 [2]、その特徴および含意は次の 5 点に集約することができる。それらは順に、①近年の介護福祉士養成テキストは、小学生レベルで学ぶ相当数の漢字にすらルビをふるなど、外国人留学生に対する配慮が著しい、②（そのような配慮に付随しているのか否かは不明だが、結果として）発展的な内容よりは基礎的な内容への偏重が認められる、③それ故、従来の日本人学生が学んでいた発展的な知見に関しては、これからの学生が学ぶ機会の減少につながりかねない、④ 2018 年までの主要な介護福祉士養成テキストでは、そのコア科目に該当する「介護の基本」において、「介護を必要とする人の理解」が重要項目として配置されていたが、2019 年以降、同項目は削除され、そ

れに代わって「多職種連携・協働」が強調されることとなった。この重点箇所の変更は、多職種連携・協働を起点に、専門職間における役割分担論へと展開しやすいことから、結果として、介護福祉士養成教育が「介護技術」論的な色合いを強める可能性を生じさせる、⑤削除された項目である「介護を必要とする人の理解」→「生活者の視点」を意識した介護福祉観の醸成、および、その素地となるケースワークやグループワーク、アセスメントシート<sup>(3)</sup> の内容などにおける深みのある学習、指導の機会を担保することは容易ではない、などである。

　誤解のないように記しておくが、筆者は日本人学生を主たる対象とした従来の介護福祉士養成教育を全面的に擁護しているわけではない。実際のところ、これまでの介護福祉士養成教育の評価に関しては、別途の検証が必要になると考えている。その前提で、ここで筆者が強調したいことは、「近年の介護福祉士養成教育は、増加する外国人留学生に配慮するあまり、基礎的内容を偏重し、介護技術論的色合いを強めた結果、ケースワーク、グループワーク、アセスメントなどにおける深みのある学習機会を減少させているのではないか」という問題意識である。

　もっとも、テキスト分析から導き出される介護福祉士養成教育に関する筆者の問題意識は、必ずしも現実の教育内容を反映するとは限らない。なぜならば、テキスト内容の簡素化は、拙稿における分析結果から事実であるとしても、教員側による十分な配慮により、結果として、相応の教育水準が担保されている可能性も否定できないからである。また、外国人留学生に対する日本語学習機会を相応に提供することで、テキスト理解はもちろん、追加的な知見が教授されている可能性も（少なくとも理論上は）想定される。そこで筆者は、介護福祉士養成教育に携わる教員にインタビュー調査を行い、拙稿におけるテキスト分析から導かれた前記の認識およびそれに付随する評価を、現場教員の見解と比較検証することとした。

# 1. 研究方法

## 1.1　インタビュー調査協力者の選定条件

　今回のインタビュー調査の目的は、筆者が抱く介護福祉士養成教育における現状認識の妥当性を、現場教員の見解から検証することにある。そこで、次の2項目に合致するインタビュー調査協力者（以下、「調査協力者」と表記）を、機縁法により確保することとした。

　第1の条件は、専門学校、短期大学、大学の専任教員のなかで、介護福祉士養成課程に所属する「介護領域のコア科目担当者」を、調査協力者としたことである。

　介護福祉士養成教育は、4つの領域、すなわち、「人間と社会」、「介護」、「こころとからだのしくみ」、「医療的ケア」から構成されている。このなかで、「介護」領域に該当する科目群は、「介護の基本」、「コミュニケーション技術」、「生活支援技術」、「介護過程」となっている[4]。そこで今回のインタビュー調査では、この「介護」領域のなかの3科目群以上を担当する専任教員を対象者とした。これにより、介護福祉士養成教育における中核教員の確保が可能となる。

　第2の条件は、機縁法という調査手法の特性もあるため、調査対象となる教職者を、公益社団法人 日本介護福祉士養成施設協会（介養協）の分類で九州ブロックに属する養成機関に勤務し、かつ、前記の条件に合致する教員に限定したことである。これにより、本調査から導かれる知見は、全国レベルにおいても該当する事項はあるのかもしれないが、基本的には地域性を反映したものとなる。

　これらの条件を踏まえた結果、大学（1校）、短期大学（2校）、専門学校（3校）に勤務する介護福祉士養成教員6人を、調査協力者として確保するに至った。当該協力者の内訳は、【表2-1】のとおりである。なお、在学生数などの詳細を明記することは、教育機関の特定に直結する可能性があることから、同表では敢えて大まかな表記にとどめることとした。

　念のために記しておくが、機縁法による調査協力者の確保は、中立性

【表2-1】インタビュー調査協力者について（2021年2月現在）

| 教育機関の種類 | 養成課程 | 現在学生に占める留学生の割合 | 教員歴 |
|---|---|---|---|
| A 専門学校 | 2年課程 | 留学生が大半 | 14年 |
| B 専門学校 | 2年課程 | 留学生数は、在学生数の約1割 | 17年 |
| C 専門学校 | 2年課程 | 留学生数は、在学生数の約半分 | 15年 |
| D 短期大学 | 2年課程 | 留学生が大半 | 7年 |
| E 大学 | 4年課程 | 日本人学生のみ | 18年 |
| F 短期大学 | 1年課程<br>（専攻科） | 日本人学生のみ | 24年 |

（注）調査協力者の資格は、全員「介護福祉士」であった。

という観点からみれば制約の生じる部分がある。とはいえ、既に相応の人間関係を構築してきた教員からの方が、筆者の問題意識に対して、より率直な見解を期待することができる。それ故、地域性も含め、本調査の限定性を認識しつつ、今回のインタビュー調査を実施することとした。

　ちなみに、介護福祉士養成施設数に占める専門学校の割合は、全国平均で約65％（2020年時点）となっている。これに対して、大学、短期大学の割合は、それぞれ17.5％にとどまっている[5]。今回の調査では、専門学校に勤務する教員が6人中3人となったが、養成施設の種類別構成率を鑑みれば、専門学校の教員が多くなったことは、理にかなっているといえよう。

## 1.2　倫理的配慮

　調査に際しては、調査の目的、方法、個人名や関係先の匿名化、個人情報の保護、データの厳重な管理、調査に対する参加、拒否、中断の自由について、予め文書と口頭で説明した上で、同意を得られた場合に限って調査協力者とした。なお、本調査の倫理面においては、社会保障・保育問題研究会（大阪）からの承認を得ている（2020年12月12日：

承認番号 2020-D-01）。


## 1.3　データの収集方法

　筆者は、2021 年 2 月 12 日、同 16 日の 2 回に分けて、調査協力者
に対して Zoom による半構造化面接を、個別に 1 回ずつ行った。その際、
調査協力者の了解を得た上で、音声を記録した。面接時間は、約 50 〜
60 分となる。

　面接を実施するにあたり、調査協力者には、予め基礎情報（担当科目
名、専任および非常勤教育歴、勤務する教育機関における外国人留学生
の有無、およびその割合等）の提供をメールで依頼した。すなわち、当
該情報を把握した上で、面接を実施した。


## 1.4　質問項目の内訳

　今回のインタビュー調査における問いの中核は、筆者が抱く現状認識
や危機意識の妥当性を検証することである。その際、本章の副題にある
とおり、「外国人留学生の増加とコロナ禍による教育環境の激変期」と
いう特殊性が付随する。そこで、インタビュー調査時には、次の 6 つ
の質問を採用した。

　それらは順に、（1）コロナ禍以前との比較で、従来からある困難さ
とは別次元で、教育上の「新たな困難」が生じているか否か。また生じ
ている場合は、その内訳、（2）2019 年以降の「新しい」介護福祉士養
成テキストに関する評価、（3）（留学生がいる場合）当該留学生の日本
語能力に対する評価、（4）（留学生がいる場合）日本人学生がメインで
あった従来の学習内容と比較して、学習内容の程度や学習範囲などの面
で、変化が生じているのか否か。また、生じている場合は、その内訳、（5）
日本人学生のみの場合でも、新テキストの導入に伴い、学習内容の程度
や学習範囲などの面で、変化が生じているのか否か。また、生じている
場合は、その内訳、（6）「近年の介護福祉士養成教育は、増加する外国

人留学生に配慮するあまり、基礎的内容を偏重し、介護技術論的色合い
を強めた結果、ケースワーク、グループワーク、アセスメントなどにお
ける深みのある学習機会を減少させているのではないか」という筆者が
抱いている問題意識および現状認識に対する評価、見解である。なお、
これらの質問項目に関して、若干の補足をしておく。

　まず、前記（1）は、マクロ的観点からみた現状把握に直結する問い
である。介護福祉士養成教育課程では、修学期間（2年制専門学校であ
れば約2,000時間）のうち、施設実習は450時間となっており、実習
がカリキュラムの根幹となっている。しかし、コロナ禍の2020年度は、
文部科学省・厚生労働省発「新型コロナウイルス感染症の発生に伴う医
療関係職種等の各学校、養成所及び養成施設等の対応について」（令和
2年2月28日）により、「学内実習を学外実習と見なす」ことが可能
となった。このように、介護福祉士養成教育では、特に実習面での変化
が想定され、かつ、その変化が「現実の介護福祉士養成教育の内容およ
び水準」を、大きく左右する要因になり得ることが想定される。これが、
（1）を配置した理由である[6]。なお、こうした国による学外実習の「み
なし方針」は、他の福祉系資格の場合にもみられるものである。

　次に、質問（2）〜（6）についてである。

　仮に、拙稿で指摘した「介護福祉士養成テキストの平易化、簡略化」
という現実を前に、それに抗う教員が少なくなかったとしても、コロナ
禍に伴う教育上の変化やその対応に追われた場合、担当教員らによる追
加的な教育指導機会が限定的になる可能性は十分に想定される。その場
合、質問（4）や同（5）に関しては、調査協力者から「否定的な文脈」
における変化について指摘されることが想定される。

　また、仮にもそうした推察が正鵠を射ていれば、質問（1）〜（5）
の総和として、同（6）の「近年の介護福祉士養成教育は、増加する外
国人留学生に配慮するあまり、基礎的内容を偏重し、介護技術論的色合
いを強めた結果、ケースワーク、グループワーク、アセスメントなど
における深みのある学習機会を減少させているのではないか」という筆者
の見解に対しても、少なくない調査協力者が、親和的な回答をする可能

性が想定されよう。

　誤解のないように記しておくが、筆者は介護福祉士を目指す外国人留学生が、相当数の漢字にルビを付したテキストを使用していることを否定しているわけではない。むしろ、内容理解・促進の観点から、そうした現状を肯定的に評価している面もある。

　ただし、ふりがなを付記されるという事実と、そうした配慮に引きずられる形で、日本人学生も使用するテキストの内容が平易化、簡素化され、結果として従来よりも教育水準が低下し、学習範囲が矮小化されるようなことがあれば、それは別次元の問題だと認識している。しかも現実レベルでは、介護福祉士になることを目指す外国人に対する配慮は入学時や在学時にとどまらず、彼らが国家試験を受験する段階、すなわち、出口の時点においても、日本語への配慮が付与されている。

　わが国に滞在する介護福祉士を目指す外国人は、介護福祉士養成施設校で学ぶ（いわゆる）外国人留学生と、EPA（経済連携協定）制度を介した EPA 介護福祉士候補者という、大きく 2 つの種類に分類される。本章では、介護福祉士養成施設校で学ぶ外国人留学生に注目しているが、補足的知見として EPA 介護福祉士候補者らを含む外国国籍の者に対する特例制度を紹介すると、たとえば、次の 2 つを挙げることができる。それらは順に、（ⅰ）EPA 介護福祉士候補者として国家試験を受験する場合、全ての漢字にふりがなを付記した問題用紙と通常の問題用紙が配付され、試験時間が通常の 1.5 倍となること、（ⅱ）EPA 介護福祉士候補者以外の外国国籍の者の場合（外国の国籍であった者も含む）でも、受験申し込み時の申請により、全ての漢字にふりがなを付記した問題用紙と通常の問題用紙を配付し、試験時間が通常の 1.5 倍となる特典が付与されること、である [7]。当然のことだが、こうした条件下において試験に合格した外国人介護福祉士らに対して、現実の様々な業務に 1.5 倍の時間をかけることが許容されているわけではない。

　このように、今回のインタビュー調査項目は、コロナ禍におけるマクロ的な観点からみた現状認識としての（1）、各論としての（2）〜（5）、そして総和としての（6）という相互関係を意識したものとなっている。

なお、実際の調査では、外国人留学生が在籍するA、B、C専門学校、D短期大学の教員には、前記質問の（1）、（2）、（3）、（4）、（6）を、そして日本人学生だけが在籍するE大学やF短期大学の教員には、主に（1）と（5）を問うこととした。

## 2. インタビュー調査結果の要旨

　本節では、前記6項目のインタビュー調査結果について、簡潔に叙述する。

### 2.1　コロナ禍における教育上の困難さ

　はじめに、「コロナ禍以前との比較で、従来からある困難さとは別次元で、教育上の新たな困難が生じているか否か。また生じている場合は、その内訳」を問うた質問に対して、次の意見が出された。なお、発言の主旨を変えない範囲で、主な見解を要約して記すこととする。以降の項目も同条件である。

### A専門学校教員（留学生が大半）――

　「学外実習」が「学内実習」に切り替わったことが、教育上の大きな困難だったと思います。特に2年生にとっては、現場を知ることなく卒業となるので、担当教員としては、非常に戸惑いがあります。

　とはいえ、「学内実習」については、留学生からの評価は高かったんです。大半の留学生が福祉施設でアルバイトをしているので、自分たちのアルバイト経験を、学内実習という名の「座学」を介して相対化できたようで、彼らは（学内実習は）「深い学びになった」と満足していま

した。しかし、日本人学生はというと、施設でのアルバイト経験が必ずしもないので、リアリティがない実習に不満そうでしたね…。皮肉な話ですが、これが介護教育の現実なんです。

## B 専門学校教員（留学生数は、在学生数の約1割）——

コロナ禍以前との比較という意味では、オンライン教育の導入に伴って、学びのスピードが遅くなったことが痛かったですね。また、丁寧に教えようとすれば、オンライン後の対面学習での内容確認が必要になるので、結果として、1年時の学習内容を2年時に持ち越すことになってしまいました。その結果、学びに困難が生じているとは思います。しかし、コロナ禍以前との比較で——コロナが唯一の原因というわけではないのでしょうが——最も大きな変化だと思うのは、日本人学生で介護を志す人が減少したことと、それに伴う教育上の困難が明確になってきていることですね。

介護福祉を学ぶ高卒志願者が減少しているのは全国的なことですが、それだけでなく、たとえば、主にハローワークを介してくる離職者訓練受入制度による介護福祉士養成施設への入学者などは——〔筆者注〕全国レベルでは1,435人（2016年）、1,307人（2017年）、867人（2018年）、765人（2019年）、711人（2020年）と推移してきたところ[8]——私たちの学校のある自治体や近隣の自治体では、現時点において希望者がゼロです。授業料は全額免除になるにもかかわらず、です。こんなことは、今まではありませんでした。ところが、社会福祉士養成校への希望は多いんです。同じ福祉でも、介護福祉士は、明らかに下にみられている、ということです。

そのような現実も影響しているのか、本校で介護福祉を学ぶ日本人学生の言語運用能力や基礎学力が、数年前と比較して、明らかに低下しているように思います。その意味では、語彙力の低い留学生が増えることが、学習上の困難になるというだけでなく、（日本社会における）介護福祉従事者へのマイナスイメージが、入学生全体の基礎学力の低下にも連動して、結果として、学習上の大きな困難として表れているように思

います。

## C 専門学校教員（留学生数は、在学生数の約半分）――

　コロナ禍による遠隔教育が本当に大変です。もっとも、介護技術に関しては、遠隔での教育は無理なので、極力、対面を基本としてきました。「学外実習」に関しては、施設側の協力を得る形で、「学外実習」と「学内実習」の割合を１対１にするなど、私たちなりに工夫はしてきました。ただ、受講生の緊張感を現場並みに維持することは、なかなか難しいのが実状です。その意味で、学内実習は明らかに不十分な学びだったと思います。

## D 短期大学教員（留学生が大半）――

　「学内実習」が本当に難しいです。しかも、学生の大半を占める留学生は、経済的な理由から家にネット環境が整っていません。その結果、2020 年 4 月から 5 月にかけては、オンライン授業すらできず、課題配布型での対応になりました。ただ 6 月からは、ネット環境整備が困難だということもあり、結果として、対面講義となりました。

　なお、E 大学（日本人のみ）と F 短期大学（日本人のみ）の教員からも、実習に関する難しさが指摘された。

## 2.2　新しい介護福祉士養成テキストの評価

　「新しい介護福祉士養成テキストの評価」に関しては、次のような意見が出された。なお、主要テキストは中央法規から刊行されているテキストであるが、他のテキストもあることから、その点に関しても確認した。

## A 専門学校教員――

　私の担当科目では、中央法規のテキストを使用しています。たしかに、

内容は簡単になっています。しかし、小学校レベルの漢字にルビがふってあっても、それは一部の日本人学生にとっても有益なのが実状なんです。というのも、少なくない日本人学生は語彙力が低く、本当に漢字が読めていないのです。その意味では、外国人向けに配慮されたテキストではありますが、結果として少なくない日本人学生のためになっている面もあります。

　あと、新しいテキストには「理解しやすい」という意味での「きれいな事例」の紹介が多いですね。でも、現実はそうした「きれいな事例」ばかりではないわけですから、事例紹介についてはテキストを使用せず、プリントで対応しています。

## B 専門学校教員——

　テキストは、主に中央法規を使用しています。ルビだらけのテキストに対する評価は、正直なところ、個人差があると思います。ただ、今までのテキストよりは気持ちに訴えるというか……ある種、感情面に訴えるような内容が少なくなった分、個人的には理論的になったように思います。その意味では、使いやすくなったように思います。

## C 専門学校教員——

　使用しているのは中央法規のテキストです。それ以前のテキストと比べて、医療、制度、疾患系などの領域が強調されているように思います。結果として、多職種連携を意識した内容というのかな。その意味では、今までの内容よりも、専門的になった感がありますね。個人的には、テキストへの不満はありません。それに、テキストで足りない部分は、留学生向けと日本人向けに、ケースバイケースで水準を変えたプリントを追加配布しています。もとより、テキストだけで教育していないので、その意味では（内容が平易化しても）対応はできていると思っています。

## D 短期大学教員——

　少なくとも、私の担当科目の場合、テキストを使っていないのが実情

です。その代わり、パワーポイントを使用したり、資料などを配布したりしています。留学生がメインなので、テキストよりもさらに分かりやすく、簡単にする必要があるからです。

　日本人学生がメインの頃は、中央法規のテキストを指定していました。しかし、数年くらい前から留学生が増え、テキストをみても理解できないんです。また、2019年以降は、フリガナ付きのテキストになりましたが、やはり留学生には理解しづらいのが実状で……。さらに、テキストが高くて買えない……といった諸々の理由で、テキストの使用は見合わせているのが現状です。


## 2.3　外国人留学生の日本語能力に対する評価

　外国人留学生がいる場合、当該留学生の日本語能力に関しては、次の意見が出された。


### A専門学校教員――

　留学生の多くは、日本語を話せます。しかし、本学の場合、入学時の日本語能力はN3（日常会話）程度で良い……と、かなり低く設定していますので、記録文章などの「書く」ことは困難です[9]。でもその分、アルバイト先の福祉施設では、留学生たちは利用者さんをよく観察しています。また、その場しのぎとはいえ、笑顔は絶やしていないので、利用者さんからの評価は、それなりに高いようです。

　これに対して日本人学生は、福祉施設でアルバイトをしていないケースも多く、経験値が低いですし、文章作成能力という意味では、日本人学生間の実力差も大きいですね。正直なところ、日本人でも意外に作文ができない学生は多いんです。ですから、留学生であっても、日本人学生であっても、種類や程度の差こそあれ、言語運用能力に問題がある点では、似ているのかもしれません。日本語能力の問題は、決して留学生だけの問題ではありませんね……。

### B 専門学校教員——

　留学生を積極的に受け入れる学校もあるとは思いますが、当面、本学では入学時に（日本語能力）N2 級を求めることにしています。そうしないと、一定水準の介護福祉士養成教育が担保できないからです。とはいえ、今後、日本人学生が少なくなって、どうしても留学生を受け入れないといけなくなれば、N2 級というハードルも外さなくてはならないかもしれません。その際に、今までの教育水準を維持できるかといえば、正直なところ、不安ですね……。

### C 専門学校教員——

　他の学校も同じだと思いますが、やはり個人差が大きいですね。また、同じ留学生とはいっても、漢字圏からの留学生かそうでないかでも、読解力に差が生じているように思います。ただ、本学の場合、日本語能力に関しては、N2 級以上でないと介護福祉士養成コースで本格的には学べないようになっていますので、現時点においては、一定水準の語学力は担保されていると思います。

　なお、D 短期大学教員の見解は、A 専門学校教員の見解と類似していた。

## 2.4　外国人留学生の存在と介護福祉士養成教育

　「留学生がいる場合、日本人学生がメインであった従来の学習内容と比較して、学習内容の程度や学習範囲などの面で、変化が生じているのか否か。また、生じている場合は、その内訳」を問うた質問に対して、次の意見が出された。

### A 専門学校教員——

　留学生というよりは、現状では、語彙力の乏しい日本人学生が多いことの方が問題かもしれません。それ故、どこに教育水準を合わせるべきかで戸惑うところはあります。

## B 専門学校教員──

　留学生がいることで、学習内容を深めることが容易ではない現実は認めます。しかしその分、教員側としてはテキスト、プリント、YouTubeなどあらゆる媒体を用いて、学外実習などが制約された中でのリアリティの再現に力を入れています。また、今のところ留学生の割合が限られているからかもしれませんが、現時点での留学生の存在は、違う価値観を教室に運んでくれて、日本人学生の学びに「深み」を与えてくれるので、その意味では、留学生の存在を前向きに評価しているのも事実です。

## C 専門学校教員──

　留学生がいることで、プラスの面は大いにあると思います。その一つは、彼らは日本人学生とは違って、福祉施設でアルバイトをしていることが多いので、経験値が高いことですね。また、本学では日本人学生も留学生も、介護福祉士に合格することを目指すという部分では、完全に共通の目標を掲げていますから、留学生であっても合格率はそれなりの水準です。ただ、これは留学生数が少ないからこそ、なのかもしれません。今後、留学生の割合が増えた場合、これまでと同じような対応ができるのかといえば、それは分かりませんね……。

## D 短期大学教員──

　グループワークなどの重要な部分は、日本人が多い時はできていましたが、今はできていません。そもそも、留学生は日本語を理解するのに時間がかかりますので、当たり前というべきか、今のところ国家試験合格者は（留学生からは）出ていません。ただ、ルビ付きテキストすら用いていない（というか、用いることすらできない）現実があるので、講義は国試対策以前の水準です。

　経営者側の本音としては、卒業してから5年間、福祉施設で働けば、介護福祉士の国家試験に合格していなくても国家資格が付与されるの

で、それならそれを基準にすればいい、という感覚だと思います。


## 2.5　新テキストの導入と日本人学生への影響

　「日本人学生のみの場合でも、新テキストの導入に伴い、学習内容の
程度や学習範囲などの面で、変化が生じているのか否か。また、生じて
いる場合は、その内訳」を問うた質問に対しては、次の意見が出された。


### E 大学教員（日本人学生のみ）──

　テキストは、中央法規のものを使っています。もともとテキストプラ
スアルファで授業を展開しているので、今回の教科書の変更は（大量の
ルビはついているが）そこまで気になっていません。むしろ、簡潔になっ
て良いのでは、という印象があります。また、認知症の理解に関しては、
やっと実践的なテキストになったと思うので、高評価したいですね。


### F 短期大学教員（日本人学生のみ）──

　テキストについては、内容が簡潔になった分、浅くなったと感じてい
ます。他の資料等を使わないと、理解が深まらないですね……。


## 2.6　筆者の危惧に関する現場教員の認識、評価

　「近年の介護福祉士養成教育は、増加する外国人留学生に配慮するあ
まり、基礎的内容を偏重し、介護技術論的色合いを強めた結果、ケース
ワーク、グループワーク、アセスメントなどにおける深みのある学習機
会を減少させているのではないか」という危惧に対しては、次の意見が
出された。


### A 専門学校教員──

　「深みのある学習機会を減少させているのではないか」という後半部
分には合意します。実際、留学生には用語の説明だけでかなりの時間が

取られるので、グループワーク以前の状況だという現実もありますから。ただ、そうなった原因を留学生にのみ求めることはできないと思います。ある程度の割合で、日本人学生の学習水準の低さも、深みのある学習を阻害している一要因ですね。

　また、私たち教員側の危機意識は、現場教育に対してもですが、国家試験に対しても向いています。今回の介護福祉士国家試験は、正直、かなり簡単でした。これには留学生の存在が影響していると思いますが、それにしても、今回の試験は本来、介護福祉士として求められる水準を担保しているのでしょうか？　実際、ある学生は「この程度の試験問題で、介護福祉士と名乗っていいのだろうか……」と口にしていました。私も同意見です。


　なお、B、C、Dの各教育機関における調査協力者の見解は、ここで紹介したA専門学校教員の見解と——特に発展的な内容（深みのある学習）が困難になった原因を留学生にのみ求めることはできないと考える、という部分で——類似していた。


## 3．インタビュー調査結果の考察


　介護福祉士のコア科目担当者によるインタビュー調査の要旨は、既述のとおりである。現場教員の現状認識には、当然ながら共通項もあれば、教育機関による違いも認められる。また、筆者の当初の推測にはなかった指摘——たとえば、日本人学生の基礎学力の低下がもたらす影響や、「深みのある学習が困難になった原因を留学生にのみ求めることはできない」とする見解——は、大きな気付きをもたらしてくれた。

　そうした知見を踏まえた上で、次の2項目——「外国人留学生数の

減少を食い止めた要因」と「『学内実習』による学習の限界」——について叙述する。というもの、これら2項目についての背景を知ることは、前記インタビュー調査の結果をより良く理解する上で、有益になると考えられるからである。


## 3.1 外国人留学生数の減少を食い止めた要因

　インタビュー調査を実施する前段階において、筆者は少なくない福祉系教員から、コロナ禍の入国制限に伴い、外国人留学生数が激減しているのではないか、という趣旨の指摘を受けていた。しかし、インタビュー調査からは、そうした指摘は認められなかった。また、導入部分でも述べたとおり、介護福祉士養成施設における外国人留学生の数は過去最多（2020年4月現在）となっており、全体に占める割合に至っては、34％まで上昇している[(10)]。

　なぜ、入国制限が導入されたコロナ禍において、このような現状が生み出されたのであろうか。その理由として、前出の日本介護福祉士養成施設協会は、「……日本語学校に通うなどして、もともと国内にいた留学生が多い。〔よってコロナの影響は：筆者注〕それほど大きく表れなかった[(11)]」と指摘している。換言すれば、2020年度は大きな減少はなかったものの、コロナ禍による渡航の制限が緩和されない場合、今後、外国人留学生の継続的な入学を期待することは難しい、ということになる。

　実際、一般財団法人 日本語教育振興協会が公表している「日本語教育機関の概況」による「学生数の推移」（各年度7月1日現在）によると、留学生数の推移は、47,230人（2018年）→ 41,600人（2019年）→ 24,253人（2020年）と、コロナ禍以前と比して、この数年間で半減しているのが実状である[(12)]。よって、コロナ禍が収束しない限り、「すでに国内の日本語学校などに在籍していた留学生」という介護福祉士養成施設校にとって有り難い存在によるメリットは、数年で終息を迎えることになる。

## 3.2 「学内実習」における「学習の限界」

　インタビュー調査結果が示すとおり、通常の学外における施設実習から「学内実習」へのシフトは、設置形態の如何を問わず生じた教育上の重大な変化である。これに関連して、介養協による「令和2年4月新型コロナウイルス感染症に関する影響についてのアンケート調査報告書」には、2年制専門学校担当教員からの回答として、次の記載がある。

　　　万が一実習中止になった場合は、校内実習室等での演習で代替せざるを得ないが、特に2年生は最後の実習になるため、実習を通した介護過程の展開も図れない。実習延期であれば何とか再調整も見込めるが、結果として中止となると卒業生にとっては教育上の不利益を危惧する。[13]

　このように、介護領域のなかでも、特に「介護過程」における深みのある学習機会が制限されることが、コロナ禍が深刻化する前段階から危惧されていた。そして、このコメントから約10カ月後となるインタビュー調査（2021年2月）では、そうした危惧が現実となり、現在も継続していることが確認された。
　また、インタビュー調査では、リアリティの欠如した学内実習における「学習の限界」を指摘する声も数多く聞かれた。これに関しては、社会福祉士養成課程における茶屋道らの研究と、同一の見解になる。茶屋道らは、次のように記している。

　　　一方、実習を構成する5者（実習生、実習指導者、実習担当教員、当事者、地域）のうち、「当事者や地域」を学内代替実習に招聘することには多くの困難があった。[14]

　本来実習で体験できるはずであった「リアリティ」を体験することや実習生自身がフィールドにおいて「リソース（社会資源）と

しての実習生」を試すことができず、実習生自身の課題が何なの
か向き合う機会（成長の機会）が十分に確保できたとは言い難い
面もある。<sup>(15)</sup>

　「学内実習」は、コロナ禍における一つの対処策ではある。しかし、
茶屋道らが指摘する５つのアクターという関係性から捉え直すと、学
内実習は、「実習生が体験すべき『リアリティ』については不足し、実
習生自身の課題が何なのか向き合う機会（成長の機会）の確保が課題で
あった」<sup>(16)</sup>という指摘のとおり、介護福祉士養成においても重くのし
かかってくる現実である。

　もっとも、介護福祉士養成教育と社会福祉士養成教育における困難さ
の程度が、およそ同等というわけではない。なぜならば、介護福祉士養
成課程における外国人留学生の在籍比率の高さは、社会福祉士養成課程
における比率とは比較にならないからである。当然ながらその差異は、
コロナ禍における介護福祉士養成教育の困難さ、特に実習におけるリア
リティ再現の困難さを、より一層、増幅させているといえよう。


## 小括

　今回の調査から多くの知見が得られたが、特に筆者として注目したの
は、筆者が危惧していた現状認識に関して、「ケースワーク、グループワー
ク、アセスメントなどにおける深みのある学習機会が減少しているので
はないか」という部分においては、その妥当性が確認されたものの、そ
の原因は外国人留学生の増加のみに求められるものではない、という指
摘であった。また、仮に今回の調査結果が、より大規模な調査において
も支持されることになれば、それは次の問いにつながることになり、そ
れも重要な知見であるといえよう。

　それは、「介護福祉士という国家資格の意味」である。仮に国家試験
に不合格となっても、５年間の就労経験があれば、同資格を取得するこ

とができる現行制度に、今回の調査結果を加味したならば、「当該国家資格は、介護福祉領域の『何を担保する資格』になるのか」ということが、問われるのではなかろうか。それは当然ながら、「介護福祉士とは何者であるのか」という介護福祉士のアイデンティティにつながる問いともなる。

　これに関連して、筆者は、一般的には「ケアワーカー」と分類される介護福祉領域の従事者らは、本来であれば、ソーシャルワーカーの一翼を担う存在として位置づけられるべきだと認識している。それ故、今回の調査結果の含意を意識しつつ、介護福祉従事者を「ケアワーカーに過ぎない」とする社会の認識[17]を覆すことを目指して、どのような介護福祉教育を実践すべきかについて、引き続き検討してゆくつもりである。

〔注〕
(1)　公益社団法人 日本介護福祉士養成施設協会（2020）「介護福祉士養成施設への入学者数と外国人留学生（平成 28 年度から令和 2 年度）」
http://kaiyokyo.net/news/h28-r2_nyuugakusha_ryuugakusei.pdf（最終閲覧 2021 年 8 月 21 日）
(2)　本書第 1 章および［阿部敦・他 2021a］60 〜 73 頁。
(3)　介護系のアセスメントシート（事前評価・課題分析）に関しては、厚生労働省が指定する課題分析標準項目（23 項目）を満たしていることが求められている。次を参照。株式会社 ツクイスタッフ（2019）「居宅介護支援のアセスメント。介護スタッフの視点の取り入れ方」
https://www.tsukui-staff.net/kaigo-garden/work/assessment/（最終閲覧 2021 年 8 月 21 日）
(4)　公益財団法人 社会福祉振興・試験センター（2021）「介護福祉士国家試験科目別出題基準」http://www.sssc.or.jp/kaigo/kijun/pdf/pdf_kijun_k_no33.pdf（最終閲覧 2021 年 8 月 21 日）
(5)　公益社団法人 日本介護福祉士養成施設協会（2020）「養成施設数（学校数）の推移表」http://kaiyokyo.net/news/r2_teiin_juusoku.pdf（最終閲覧 2021 年 8 月 21 日）
(6)　岩松珠美（2020）「《介護教育の現場から》1 介護福祉士養成学校のいま」https://newstsukuba.jp/?post_type=column&p=27440（最終閲覧 2021 年 8 月 21 日）

(7)　公益財団法人 社会福祉振興・試験センター（2021）「経済連携協定（EPA）に基づく受験について」
http://www.sssc.or.jp/kaigo/qa/q_a_all.html（最終閲覧 2021 年 8 月 21 日）

(8)　注（1）に同じ。

(9)　日本語能力試験（JLPT）とは、独立行政法人国際交流基金と財団法人日本国際教育支援協会が運営する試験である。同試験には N1、N2、N3、N4、N5 の 5 つのレベルがあり、N1 が最も難関であり、数値が上がるにつれて難易度は下がる。具体的には、次のとおりである。N1（幅広い場面で使われる日本語を理解することができる）、N2（日常的な場面で使われる日本語の理解に加え、より幅広い場面で使われる日本語をある程度理解することができる）、N3（日常的な場面で使われる日本語をある程度理解することができる）、N4（基本的な日本語を理解することができる）、N5（基本的な日本語をある程度理解することができる）。次を参照。日本語能力試験（JLPT）「N1 ～ N5：認定の目安」https://www.jlpt.jp/about/levelsummary.html（最終閲覧 2021 年 8 月 24 日）

(10)　注（1）に同じ。

(11)　介護のニュースサイト（2020）「介護福祉士の養成校、外国人留学生の入学が過去最多に 日本人は最少」
https://www.joint-kaigo.com/articles/2020-10-15.html（最終閲覧 2021 年 8 月 21 日）

(12)　一般財団法人 日本語教育振興協会（2020）「日本語教育機関の概況」https://www.nisshinkyo.org/N-news/pdf/20210216s.gaikyo.pdf（最終閲覧 2021 年 8 月 21 日）

(13)　下記資料の 17 頁目にある（164）を参照のこと。公益社団法人 日本介護福祉士養成施設協会（2020）「令和 2 年 4 月新型コロナウイルス感染症に関する影響についてのアンケート調査報告書」
http://kaiyokyo.net/member/report_20200423.pdf（最終閲覧 2021 年 8 月 21 日）

(14)　［茶屋道拓哉・他 2020a］16 頁。

(15)　［茶屋道拓哉・他 2020b］28 頁。

(16)　同上、22 頁。

(17)　たとえば、日本ソーシャルワーカー連盟の会員団体には、介護福祉の専門職団体は含まれていない。［浅原千里 2017］39 ～ 64 頁も参照。

第 3 章

## わが国の介護福祉士養成教員が抱く「介護福祉」をとりまく課題認識
——階層的クラスター分析による「現状の課題」と「将来像」に関する一考察——

## はじめに

　前章までに、筆者は、わが国における介護福祉士養成教育の現状について、多角的な観点から検証を行ってきた。たとえば、前章では「外国人留学生の増加とコロナ禍による教育環境の激変」という現状を踏まえ、現役介護福祉士養成教員（以下、必要に応じて「調査協力者」と表記する）を対象に、次の 5 項目に関するインタビュー調査を実施した [1]。それらは順に、①コロナ禍以前との比較で、従来からある困難さとは別次元で、教育上の「新たな困難」が生じているのか否か、②小学校レベルの基礎的な漢字にすらルビをふる「新しい」介護福祉士養成テキストに対する評価、③（留学生がいる場合）当該留学生の日本語能力に対する評価、④（留学生がいる場合）日本人学生がメインであった従来の学習内容と比較して、その程度や学習範囲などの面で、変化が生じているのか否か、⑤「近年の介護福祉士養成教育は、増加する外国人留学生に配慮するあまり、基礎的内容を偏重し、介護技術論的色合いを強めた結果、ケースワーク、グループワーク、アセスメントなどにおける発展的な学習機会を減少させているのではないか」という、筆者が抱く現状認識に対する評価・見解である。

　同調査結果からは多くの知見が得られたが、特に重要になるのは、筆者が危惧していた現状認識に対する調査協力者らの評価である。その趣旨は、「ケースワーク、グループワーク、アセスメントなどにおける発

展的な学習機会を減少させている」という結論部分には賛同するものの、その主因は、語学力に難のある留学生の増加のみに求められるものではない、というものであった。すなわち、介護福祉士を目指す日本人学生の基礎学力の低下も、発展的な学習を展開する上での障害になっている、とする見解が散見されたのである。当然ながら、限られたインタビュー調査である以上、こうした見解を一般化することは拙速である。とはいえ、これらの指摘は、現実の一側面には違いないといえよう。

　なお、当該調査結果は、次の３つのカテゴリーに即して再編することが可能であった。それらは順に、（ⅰ）勤務校における介護福祉士養成教育の現状、（ⅱ）介護福祉をとりまく現時点における困難や課題、（ⅲ）介護福祉をとりまく現状がこのまま推移した場合の「介護福祉の未来」について、である。ただし、全体としての論点は、調査の主目的との関係もあり、（ⅰ）に偏重していた。そこで本章では、（ⅱ）と（ⅲ）に焦点をあてたアンケート調査を実施することとした。

　その際、「わが国の介護福祉士養成教員が抱く『介護福祉』をとりまく課題認識」というタイトルが示すように、本章の目的となるのは、「認識の把握」である。この点に関しては、赤堀将孝・亀山一義・宍戸聖弥・松本圭太・谷川和昭「地域包括支援センター職員が抱く作業療法士の認識——計量テキスト分析による構造の把握」において、KH Coder を用いた計量テキスト分析が用いられていることが重要になる［赤星将孝・他 2020］。すなわち、「認識を把握」する場合、計量テキスト分析は一つの有効な手段になる、ということである（上記の下線部分は筆者によるものである）。そこで本章でも、KH Coder を用いた計量テキスト分析を採用することで、質的データの分析過程における再現性の確保、客観性の維持、そして恣意的解釈の排除を目指しつつ、「認識の把握」に努めることとした [2]。

　なお、分析結果の表示には、複数の選択肢が考えられるが、本章の目的が「現状認識の把握（→カテゴリー化）」にあることから、視覚的に把握しやすい階層的クラスター分析を採用することにした。

# 1．研究方法

## 1.1　アンケート調査協力者の選定条件

　アンケート調査を実施するにあたり、次の項目に合致する調査協力者を、機縁法により確保することとした。その条件とは、（1）わが国における専門学校、短期大学、もしくは大学の「介護福祉士養成課程に所属する専任教員」であること、（2）（外国人留学生の急増とコロナ禍による影響がみられた過去数年間を、それ以前の時期と比較検証できる教員の見解を確保したいとの理由から）教員歴が最低でも直近5年以上あること、（3）「介護」領域の科目担当者であること[3]、の3点である。

　なお、調査対象地域に制約は設けなかったものの、機縁法という調査手法も影響したため、（公益社団法人 日本介護福祉士養成施設協会の分類における）九州、中国、関西の各ブロックの養成機関に所属する現職教員にアクセスすることとなった。

　以上の条件を踏まえた結果、【表3-1】にあるとおり、大学、短期大学、専門学校に勤務する介護福祉士養成教員11人を、調査協力者として確保するに至った。また、教員歴は平均14年を超えていた。よって、今回の調査協力者から集積されたデータは、その経験年数からして、介護福祉士養成教育や介護現場の実状に、相当程度、精通している教員による見解であるといえる。

## 1.2　倫理的配慮

　アンケート調査に際しては、調査の目的、方法、個人名や関係先の匿名化、個人情報の保護、データの厳重な管理、調査への参加、拒否、中断の自由について、予め文書で説明した上で、同意を得られた場合に限って調査協力者とした。なお、本調査の倫理面においては、社会保障・保育問題研究会（大阪）からの承認を得ている（2021年2月27日：承認番号2021-F-01）。

【表3-1】アンケート調査協力者について（2021年3月現在）

| 教育機関の種類 | 養成課程 | 在学生に占める留学生の割合* | 調査協力者の資格 | 教員歴 |
|---|---|---|---|---|
| A 専門学校 | 2 年課程 | 過半数が留学生 | 介護福祉士<br>社会福祉士 | 15 年 |
| B 専門学校 | 2 年課程 | 日本人が大半 | 介護福祉士<br>社会福祉士<br>精神保健福祉士<br>看護師 | 17 年 |
| C 専門学校 | 2 年課程 | 留学生が多い<br>（とだけ回答） | 看護師 | 8 年 |
| D 短期大学<br>専攻科 | 1 年課程 | 日本人のみ<br>（保育士資格取得者） | 介護福祉士 | 14 年 |
| E 短期大学<br>専攻科 | 1 年課程 | 日本人のみ<br>（保育士資格取得者） | 介護福祉士 | 20 年 |
| F 短期大学<br>専攻科 | 1 年課程 | 日本人が大半 | 介護福祉士<br>社会福祉士<br>看護師 | 16 年 |
| G 短期大学 | 2 年課程 | 留学生が約 65% | 介護福祉士<br>社会福祉士<br>その他の資格 | 7 年 |
| H 短期大学 | 2 年課程 | 留学生は 1 割程度 | 介護福祉士 | 15 年 |
| I 大学 | 4 年課程 | 日本人が大半 | 介護福祉士 | 18 年 |
| J 大学 | 4 年課程 | 日本人のみ | 介護福祉士 | 15 年 |
| J 大学 | 4 年課程 | 日本人のみ | 介護福祉士 | 16 年 |

＊「在学生に占める留学生の割合」に関する記述は、回答者の表記を尊重した。

## 1.3　データの収集方法と質問内容

　筆者は、共同研究者である馬場敏彰氏との協力の下、2021年3月15日、同意を得られた調査協力者らに対して、「わが国における介護福

祉をとりまく現状と今後の展望について」と題したアンケート調査用紙を配布した。その際、【表3-1】に挙げた「項目」以外の部分では、次の2つの問いを記し、それらに対する自由記述という形式で、回答を得ることにした。

【問-1】先生は、わが国の介護福祉をとりまく現状には、どのような課題があるとお考えですか？ 重要度が高いと思われる課題を、最多5つまで取り上げ、それに関して思うことを、ご自由にお書き下さい。なお、（たとえば）「課題が2つしかない」とお考えの場合は、3つ目以降は無記入で構いません。また、「特段の問題はない」とお考えの場合は、すべて空欄で結構です。

【問-2】先生は、わが国の介護福祉をとりまく現状がこのまま推移すれば、今後、介護福祉の現場は、どのようになってゆくとお考えですか。それに関して思うことを、ご自由にお書き下さい。

　なお、本調査への回答期日は、2021年3月28日までと設定した。


## 1.4　分析手法に関して

　調査協力者の自由記述（回答）は、それをテキストマイニング（KH Coder Version 3 を使用）にかけることで、次の作業を行うこととした。それらは、（A）介護福祉をとりまく「現実レベルの課題」を、階層的クラスター分析により可視化させる、（B）介護福祉をとりまく「将来課題や将来像」に関しても、階層的クラスター分析により可視化させる、というものである。

　分析手順としては、「自由記述を Text データに保存」→「KH Coder による読み込み」→「前処理として、形態素解析と分かち書き処理」→「総抽出語数、異なり語数等の基本情報把握」→「語の最少出現数等の設定」→「階層的クラスター分析による図化」とした。なお、前記（A）と（B）

に関しては、「文脈付き索引・情報検索（Key Words in Context：以降、KWIC コンコーダンスと表記）」を用いることで、それぞれに多い頻出語が、どのような文脈で用いられているのかも確認することとした。

## 2．分析結果

### 2.1　介護福祉をとりまく現実レベルにおける主要課題

　はじめに、【問-1】——先生は、わが国の介護福祉をとりまく現状には、どのような課題があるとお考えですか？ 重要度が高いと思われる課題を、最多5つまで取り上げ、それに関して思うことを、ご自由にお書き下さい——に対する総抽出語数は 4,466、異なり語数は 844 となった。その後、語の最少出現数の設定を 5 回以上とし、既述の分析手法を当てはめた。

　階層的クラスター分析による図化の結果、介護福祉の「現実レベルの課題」に関する語の樹形図（デンドログラム）からは、大きく 6 つのクラスターを認めることができた。ただし、同樹形図は、抽出語の多さから見難くなっている。そこで、紙幅の関係上、各クラスターの抽出語群のみ、【表3-2】として記載することとした。

　この階層的クラスター分析により、出現パターン（→抽出語の出現する場所と回数）が類似し、相互に関連性の強い語を一体的に捉えることが可能になる。よってこの分析では、「現状の課題」をグルーピングする、ということになる。なお、各クラスターに関しては——KWIC コンコーダンスなども踏まえ——次のように解釈した。ただし、以降の評価は、各クラスターの主要な側面を説明してはいるものの、多様な側面を全て網羅しているわけではない。そうした点は、留意されたい。

　1 つ目のクラスターは、「低下」から「魅力」までの語である。同ク

【表3-2】介護福祉の「現実レベルの課題」に関する各クラスターの抽出語群

| クラスター | 抽出語群 |
|---|---|
| 【C-1】 | 低下、質、不足、教員、人材、仕事、入学、職業、魅力 |
| 【C-2】 | 方々、統一、研修、入会、社会、低い、感じる、日本人、現場、減少 |
| 【C-3】 | 日本語、時間、難しい、現状、課程 |
| 【C-4】 | 専門、必要、養成、思う、学生、多い、内容、教育、課題、福祉、介護 |
| 【C-5】 | 試験、取得、資格、国家 |
| 【C-6】 | 受験、国、留学生、増加、支援、学ぶ、考える、多く、制度、施設 |

ラスターにある「質」「低下」「人材」「不足」「入学」「職業」「魅力」などの語から推察されるように、ここでは「質の低下」、「人材不足」、「仕事としての魅力不足（低賃金重労働のイメージ）」などの現実課題が示唆されている。

　2つ目のクラスターは、「方々」から「減少」までの語である。同クラスターに関しては、「研修」「入会」「低い」「減少」「日本人」などの語から「職能団体への入会率の低さ」(4)といった専門性の弱さにつながる問題意識を認めることができる。

　3つ目のクラスターは、「日本語」から「課程」までの語である。同クラスターにある「日本語」「時間」「難しい」という語から推察されるように、ここでは外国人留学生の言語運用能力上の課題が指摘されている。

　4つ目のクラスターは、「専門」から「介護」までの語である。このクラスター内の語は多く、また、KWIC コンコーダンス分析をすると、同クラスターが多くの課題を網羅していることが理解される。とはいえ、「教育」「内容」「課題」などの語から推察されるように、全体的には「養成教育全般にみられる諸課題」という趣旨の問題意識であるといえる。

　5つ目のクラスターは、「試験」から「国家」までの語である。これは「国家試験の容易化」や、経過措置とはいえ、介護就労の経験が5年以上あれば、介護福祉士の国家資格が付与されるという「資格の形骸化」に

つながる課題を示唆している。

　6つ目のクラスターは、「受験」から「施設」までの語である。同クラスターでは、「受験」「留学生」「増加」「学ぶ」「考える」という語が象徴するように、外国人留学生の学びの困難さが指摘されている。同時に、詳細は拙稿に譲るが[5]、ここでは日本人学生の言語運用能力の低下に伴う「学びの困難さ」をも含意している。

　このように、長年にわたり介護福祉士養成教育に携わってきた現職教員らが考える介護福祉をとりまく「現状の課題」は、「人材不足と質の低下」、「国家資格の形骸化」、「専門職団体としての弱さ」、「留学生増加に伴う教育上の困難」、「学生確保の困難」などに集約することができる。換言すれば、これらの課題は、介護職に対する相応の待遇を担保してこなかったが故に生み出されたもの、すなわち、政策的に生み出された側面が強い人為的な課題である、ということである。それはもちろん、個人や施設レベルでの対応が困難な課題が中心となっていることを意味する。


## 2.2　KWIC コンコーダンスによる現状課題の捉え直し

　介護福祉に関する「現実レベルでの課題」の内実を把握することは、中長期的な観点からの政策立案のありように大きな影響を与えるため、重要な確認事項となる。そこで、前掲の【表3-2】で用いたデータを活用し、KWIC コンコーダンスによる「現状課題の捉え直し」を行うこととした。これにより、現状レベルでの諸課題を示唆する語が、どのような文脈で用いられているのかを把握することが可能となり、以て、その語が示唆する「文脈としての課題」を確認することとした。

　語の選出においては、頻出語の出現数の上位に位置するものを優先しつつ、その上で、問題の所在を可視化しやすいと考えられた次の語に注目した。それは「試験」、「減少」、そして「多い」である。

　はじめに、「試験」という語の文脈上の用いられ方、および語の前後内容の文章を要約し、その関係性を整理すると、次のようになる。なお、

「関係性の整理」を検討する際には、コロケーション統計から得た結果も考慮に入れた（他の箇所における「関係性の整理」を検討する際も同じ）。また、表現等は、文意を変えない限りで調整している。

　　「介護福祉士の資格付与は、国家試験の合格に一本化されていない」→「これにより、専門性の確立が困難になっている」→「国家試験を回避できることから、無資格者でも介護職員になることができる」→「質の低下が生じる」→「非専門的資格として格下扱いされる」→「国家試験を回避できることから、専門教育として軽視されがちになり、その結果、待遇改善がされ難く、結果的に人材不足が加速化する」→「故に、介護福祉士の資格付与は、国家試験の合格に一本化すべきだ」。

　また、その他の派生的な課題として、次の指摘も認められた。

　　「国家試験への合格が必須化されていないことから、人材の質にバラつきが多い」→「それにもかかわらず、業務範囲は広がっている」→「しかもコロナ禍により、従来以上の知識、技術が求められている」→「しかし、現状の人材不足には、知識、技術不足が付随しやすい」→「このような状況で、利用者の人権を（どこまで）守ることができるのか……はなはだ疑問である」。

　このように、「試験」は「国家試験」という意味合いで用いられている。そして、その核になる用いられ方は、介護福祉士の資格取得方法が国家試験の合格に一本化されていないことに伴う「不十分な知識や未熟な技術」、「専門性を確立する困難さ」、およびそれに伴う「待遇改善の難しさ」など、多方面への悪影響という文脈での使用となっている。
　次に、「減少」という語の文脈上の用いられた方を要約すると、次のようになる。なお、前記同様、表現等は、文意を変えない限りで調整している。

「介護福祉士を目指す日本人学生が減少している」→「留学生に関
　　しては、増加する可能性がある。しかし、介護福祉士を目指す日
　　本人学生が減少していることから、全体としての入学者は減少す
　　る可能性が高い」→「そうなると、資格取得後、介護福祉士の職
　　能団体に加入する者が、さらに減少するであろう」→「介護の現
　　状改善が急務でも、それを現場から社会に訴える機会が減少する」。

　このように、「減少」という語には「日本人学生の減少」、「入学者全
体の減少」、そして「専門職団体への加入者の減少」などという文脈で
用いられていることが確認された。これもまた、前記の「試験」同様、
マイナス評価での使用である。
　そして3つ目となるのは、前記の「減少」とは正反対の表現になる「多
い」である。ただし、その用いられ方は、以下のとおり、「減少」のそ
れと同じである（要約条件は、前記同様）。

　　「（国家試験不合格でも、現場経験により介護福祉士になれるとい
　　う）専門性の希薄さが象徴するように、介護福祉をとりまく課題
　　はあまりに多い」→「そこに加えて、近年、日本人学生の言語運
　　用能力の低下が顕著である。事実、記録を書かせても誤字脱字が
　　あまりに多い」→「もちろん、留学生には日本語能力に難のある
　　学生が多い」→「介護福祉士の専門職団体への入会者はもともと
　　少数だが、そもそも入会の必要性を感じない学生があまりに多い」。

　このように、「多い」という語は、前記の「減少」という語の用いら
れ方を、別な角度から捉えた同義の表現となっており、結果として介護
福祉をとりまく問題の深刻さが再確認されることになる。
　なお、「減少」と「多い」のいずれの文脈においても指摘された「専
門職団体への入会（の限定性）」に関しては、派生的な課題として次の
指摘が認められた。前記の指摘と重複する部分もあるが、内容の重要性

を鑑み、以下の文章を紹介したい。

> 有資格者、無資格者を含め、さまざまな方々が混在する介護福祉現場では、介護従事者としての意識の統一を図ることが構造的に困難です。しかし、だからこそ、研修体制を整備することが重要だと考えます。そうでないと、介護現場の現状改善が急務でも、それを社会に訴える術が弱体化するからです。……そのためにも、介護福祉士有資格者だけでも、皆が統一して受けなければならない研修制度を設ける必要があるのではないかと思います。

このように、KWIC コンコーダンスによる現状課題の捉え直しからみえてくるものは、国家試験不合格者に対する例外規定を設けている国に対する不満、およびそこから派生する政策的課題が多い、という現実である。換言すれば、そうした（派生する）政策的課題に対処するためには、現状改善に資する連続的な、もしくは相互乗り入れ的な公的政策を実施する必要があり、併せてそれを担保する財政面での対応も必須になる、ということである。すなわち、現状改善に向けた第一義的な責務は、その可視化された課題の特徴からして、「公的責任によるものとなる」ということである。

## 2.3 将来における「介護福祉の現場」について

介護福祉士養成教員による現状評価は、前記のとおりである。次に【問-2】──先生は、わが国の介護福祉をとりまく現状がこのまま推移すれば、今後、介護福祉の現場は、どのようになってゆくとお考えですか。それに関して思うことを、ご自由にお書き下さい──に対する分析結果を紹介する。

まず、総抽出語数は 2,739、異なり語は 630 となった。「現状の課題」に関する【問-1】と比較して、総抽出語数の少ないことが注目される。これは、将来に関することには不確定要素があることから、現状よりも

【表3-3】将来における「介護福祉の現場」に関する各クラスターの抽出語群

| クラスター | 抽出語群 |
|---|---|
| 【C-1】 | 業務、向ける、受ける、IT、豊か、入所、費用、基準、ケア、難しい、国、変化、状況、進める、生活、支援 |
| 【C-2】 | 進む、ロボット、導入、活動、職員、職業 |
| 【C-3】 | 人、仕事、問題、改善、将来 |
| 【C-4】 | 意味、変える、感じる、課題、魅力、AI、良い、増える、多い |
| 【C-5】 | 充足、入学、外国、日本人、留学生、年、学生、学校 |
| 【C-6】 | 施設、現場、養成、思う、福祉、介護、教育、出る、資格、国家、今後、考える |
| 【C-7】 | 事業、年度末、保険、確保、必要、質 |
| 【C-8】 | 人材、労働、現状、専門、高齢、減少、地域、可能 |

多くを語ることが容易ではない、という意識の反映であると考えられる。そうした事由もあり、語の最少出現数の設定は3回以上とし、幅広い観点からの将来像の把握を目指すこととした。

　階層的クラスター分析による図化の結果、将来における「介護福祉の現場」に関する語の樹形図（デンドログラム）からは、大きく8つのクラスターを認めることができた。ただし、【表3-2】と同じく、同樹形図は、抽出語の多さから見難くなっているため、各クラスターの抽出語群のみ、【表3-3】として記載することとした。

　なお、各クラスターに関しては、【表3-2】と同じ分析手法（KWICコンコーダンス）を用いることで、次のように解釈した。ただし、以降の評価は、各クラスターの主要な側面を説明してはいるものの、多様な側面を全て網羅しているわけではない。そうした点は、【表3-2】における解釈同様、留意されたい。

　1つ目のクラスターは、「業務」から「支援」までの語である。同クラスターには、「IT」「基準」「ケア」「変化」「進める」「生活」「支援」などの語が象徴するように、「ITの活用に伴う変化の促進」が、将来像

の一つとして想定されていることがうかがえる。

　2つ目のクラスターは、「進む」から「職業」までの語である。同クラスターには、「進む」「ロボット」「導入」などの語が示唆するように、前記のITによる変化同様、介護ロボットの導入などによる「就労環境の変化」が想定されている。

　3つ目のクラスターは、「人」から「将来」までの語である。同クラスターに関しては、KWICコンコーダンスにより、雇用条件等が改善されないと、将来も人材不足などの問題が生じるという危惧が表されている。

　4つ目のクラスターは、「意味」から「多い」までの語である。同クラスターには、「変える」「魅力」「AI」「良い」「増える」「多い」などの語があることから推察されるように、最先端技術による介護時の負担軽減を示唆している。

　5つ目のクラスターは、「充足」から「学校」までの語である。同クラスターには「充足」「日本人」「留学生」「入学」という語があることから推察されるように、ここでは、日本人学生はもちろん、留学生も含めた入学者数、すなわち、養成機関としての定数充足に関する不安感が表明されている。

　6つ目のクラスターは、「施設」から「考える」までの語である。同クラスターの内容は多岐にわたるが、KWICコンコーダンスを活用すると、施設入所の困難さに加え、経済力の程度により入所先が変わるため、当然のようにケアの質にも大きな格差が生じることになる、といった懸念を認めることができた。

　7つ目のクラスターは、「事業」から「質」までの語である。同クラスターでは、人材確保は必要であるものの、その質を維持することは（今後も）困難になるであろう、という懸念が中心となっている。それは、介護福祉士が介護現場の多数派ではなく、無資格者が多数混在しているから、という理由によるものである。

　8つ目のクラスターは、「人材」から「可能」までの語である。同クラスターの内容も多岐にわたるが、KWICコンコーダンスを活用すると、現在は施設で働く介護福祉士が多いものの、今後は、地域をフィール

ドとして働く介護福祉士が出てくるのではないか、との認識が示されている。

　各クラスターの主要部分は、このように評価された。介護福祉分野における IT、AI、ロボット等の先端技術の導入を肯定的に捉える向きはあるものの、全体的にみればそうした楽観論は限定的であり、厳しい認識が広く認められた。特にそうした危機意識は、待遇面、人材確保面、そして専門性向上等の面で確認された。それらは【表 3-2】の「現状の課題」と共通するものである。

　以上を踏まえ、介護福祉士養成教員らが抱いている「現在および将来における課題を解消する」ためには、その大枠において、「国家資格取得ルートの一本化（国家試験合格）→専門性の担保→待遇面の改善→人材不足の解消」といった連続的な、もしくは相互乗り入れ的な公的政策の実施が必要になるといえよう。実際のところ、前記 KWIC コンコーダンスによる分析結果は、この解釈を支持している。


## 2.4　介護福祉現場における ICT 政策の含意

　介護福祉士養成教員が抱く「将来の介護福祉（の現場）」に関する主な認識は、前記のとおりだが、この段階で記しておくべきことがある。それは、前掲した【表 3-3】におけるクラスター 1、2、4 においては、AI、IT、介護ロボットなど、いわゆる ICT（情報通信技術）を基盤にした先端技術の導入が、介護福祉士養成教員らによって、比較的、肯定的な文脈で用いられていたわけだが、こうした国の介護政策が、真に「介護福祉従事者らの負担軽減」や「専門性の向上」に資するのかについては、議論の余地がある、という事実である。

　先端技術の導入は、本来であれば、現状改善に資するものである。しかし、先端技術を導入する目的次第では、現状改善に資するとは言い難い場合もある。というのも、国は介護現場の ICT 化を進めるのと並行して、「『厚生労働大臣が定める夜勤を行う職員の勤務条件に関する基準』のテクノロジーを導入する場合の夜間の人員配置基準における留意点に

ついて」（2021年3月16日）を示し、「サービスの質を確保したうえ
で、人員配置基準を緩和する」という方針を明示したからである。また、
こうした政策的指向性と一体化する形で、介護保険の報酬改定（2021）
では、「機器やICTの活用による職員配置基準の緩和、兼務や常勤、常
勤換算の要件緩和 (6)」が示されることとなった。

　前記のとおり、国としては、「サービスの質を確保したうえで、人員
配置基準を緩和する」との立場である。しかし、介護サービスの情報を
収集し、「科学的に裏打ちされた介護」を指向する国の施策——たとえ
ば、2021年4月に始動した「科学的介護情報システム」——におい
ては、そのデータの活用次第では、多くの現場で非常勤に依拠している現
状を「標準」とみなし、それを是認するツールにもなり得る。もちろん、
低水準を固定化させかねない状況が生み出された場合、それが「現場の
改善」や「専門性の向上」に資するとは考え難い。

　なお、こうした懸念を強く抱かせるのは、厚生労働省社会・援護局福
祉基盤課 福祉人材確保対策室による「介護人材確保の総合的・計画的
な推進——まんじゅう型から富士山型へ」（2015年8月20日）の存
在である。実際、同資料に関して、［全国福祉保育労働組合2021］は、
「一部の『専門性の高い人材』のもとにすそ野広く、安い賃金で働く『多
様な人材』を確保することがねらい」と指摘した上で、「専門性が低く
ても現場で対応できるように、業務の効率化と福祉サービスの標準化・
画一化がすすめられています (7)」と評している。筆者としては、ここ
に介護現場のICT化の本質の一端をみる思いがするのである。それ故、
真にサービス利用者と介護福祉従事者の双方にとってプラスに機能する
ICT化政策であることを、政策立案上の原点とすべきである。


## 3．分析結果の考察

ここまでに、介護福祉士養成教員らが考える「現状の課題」と、「将来的な展望」について、その概要を叙述した。ここではそうした知見に依拠しつつ、「介護保険制度および公的政策の全体的傾向」と「コロナ」という2つの観点を用いて、前記【表3-2】～【表3-3】のデータ結果を再考する。換言すれば、介護保険制度および関連施策に関する語、そして当然ながら「コロナ」という語がもたらす影響が、アンケート調査結果の基底には流れている、ということである。

## 3.1　介護保険制度および公的政策の全体的傾向からの捉え直し

　今回のアンケート調査結果では、介護福祉をとりまく現状および将来的な課題として、「介護保険制度」は上位に選出されていない。しかし、それは介護保険制度が優れているから、というわけではない。まずは、介護福祉従事者の置かれた労働環境の劣悪さが、待遇改善と表裏一体に論じられることから、介護保険制度という語が、頻出語の上位に出てこなかっただけのことである。実際、前記のとおり、介護福祉に関する公的政策への批判的視座はアンケート調査結果のベースにある。

　また、そもそも論として、公的施策の水準が「福祉労働および福祉環境（水準）をコントロール[(8)]」する要であればこそ、介護保険制度およびそこから派生する諸課題の克服には、財政面での公的責任が付随することになる。しかし現実レベルでは、介護保険制度については、度重なる改変による公的責任の矮小化と変質が繰り返されている。

　とりわけ、直近の介護保険制度の改革案（2021年3月時点）で、筆者が強い衝撃を受けたのは、「人手不足で運営に苦慮する事業所の実態を逆手に取った人員配置基準の緩和」案である[(9)]。同様に、通所介護利用の約7割を占める要介護1と2を、要支援1と2のように、市町村の総合支援事業に移管する施策案と一体的に導入するなどの動きが散見されることにも留意が必要である。なぜなら、仮にこうした施策が実施されれば、【表3-3】で示された「将来の介護福祉」は、サービス内容、

利用時間、回数などの面で、さらに抑制された状況に陥ることは避けようもないからである。

　次に、介護保険制度を含む「公的政策の全体的傾向」という分析視角からの考察である。これに関しては、菅義偉首相（当時）の発言が注目に値する。菅首相は、「私が目指す社会像。それは自助、共助、公助、そして『絆』であります」（2020 年 9 月 14 日）と表明している。この価値観は、内閣府（2006）「社会保障の在り方に関する懇談会最終報告書」と、ほぼ軌を一にするものである。

　もっとも、より現実レベルでみれば、厚生労働省（2018）「地域包括ケア研究会報告書」などにあるとおり、「地域共生社会」をキーワードにして「自助（→自己責任の更なる強化）」、「互助（→地域での助け合い活動の強化）」、「共助（→社会保険における保険料の増額と給付抑制の強化）」、そして最後に「限定的な公助（→生活保護、生活困窮者自立支援制度）」という段階的な責任論が目指されている。その際、留意すべきは、「自助・共助・公助」[10] という従来型の言説をベースにしつつ、そこに「互助」を制度的に組み込んでいる点である。

　実際、「互助の制度化施策」の象徴になるものとして、「社会福祉法人による地域公益活動の積極的努力義務化」（2016 年 3 月）、「地域住民による地域生活課題を抱えている人たちの把握・課題解決に係る理念規定の創設」（2017 年 5 月）、「地域住民等による地域共生社会の実現に係る義務規定の創設」（2020 年 6 月）などを指摘することができる[11]。このように、公的責任を問う上で、今一つのワンクッションが制度的に組み込まれていることが、近年において特に顕著である。

　本来であれば、健康で文化的な生活を享受することは、わが国では人権として保障されているはずである。すなわち、人権保障は国の責務なのである。その意味で、「自助」や「互助」を強調しつつ、「公助」などという言葉で「公的責任」という言葉の重みをすり替えることは適当ではない[12]。しかし、前述した大枠としての政策的枠組みのなかで、各種の公的制度が展開されているのが実状である。よって、個別制度としての介護保険制度の今後の展望を推察したとき、それが（前掲した）介

護福祉士養成教員らが危惧する「介護福祉をとりまく、現在および将来不安の緩和」に資するとは、期待し難いことは明白である。


3.2 「コロナ禍」からの捉え直し

　2つ目は、「コロナ禍」からの分析結果の捉え直しである。それは、コロナ禍という語を起点とすることで、「医療、福祉、介護を一体的に捉える重要性」につながるものである。

　2020年1月前の段階において、圧倒的多数の日本人にとって、「コロナ」という言葉は、ほぼ無縁の存在であった。しかし、その後の新型コロナウイルスによる深刻な負の影響は、福祉領域にはもちろん、当該分野と表裏一体となる医療分野にも認められることになった。それ故、【表3-2】～【表3-3】を検証する際、重要になるのは、それが介護福祉領域のみに関わる分析結果だと解釈しない姿勢である。実際、こうした指摘の妥当性は、介護サービス事業所の倒産、休廃業、解散などが、コロナ禍において過去最多を更新している事実を「起点」として論じることにより、確認することができる。

　超高齢社会という現実は、単純に考えれば、介護ニーズの増加を意味している。しかし、そうした認識とは異なり、老人福祉・介護業界における倒産、休廃業、解散などが増加している。実際、2016年から2020年にかけて、老人福祉・介護事業者の倒産件数は100件を上回っている。その主な理由は、介護・福祉ニーズはあっても、福祉サービスを十分に購入できない低所得者層の増大もさることながら、スタッフを確保できないことによる人手不足や、同業他社との競争激化であると指摘されている[13]。

　そして、ここにコロナ罹患への不安が加わり、福祉サービスの利用が抑制されるようになった上に、併せて人材不足に拍車がかかることとなった。また、施設にとっては、感染防止対策費の負担が重くのしかかることとなった。こうした悪条件が重なった結果、2020年の老人福祉・介護事業の倒産件数は、過去最多の118件となったのである[14]。

もっとも、介護サービスの利用抑制は、要介護 3 未満の比較的軽度認定者による利用が多いとされるショートステイやデイサービスなどの一部のサービスにとどまった、とする分析結果が認められる (15)。とはいえ、そうした介護サービスをメインとする事業者にとってみれば、コロナの影響は甚大である。

　事実、2020 年（1 〜 12 月）の倒産件数（118 件）の内訳を業種別に分類すると、「訪問介護事業」が 56 件（構成比 47.4 %）と半数近くを占め、その次に、デイサービスなどの「通所・短期入所介護事業」の 38 件（同 32.2 %）となっている (16)。深刻なヘルパー不足が影響していたことは周知のとおりだが、倒産件数の内訳は、たしかに軽度なサービスに偏っていることが推察できる。

　しかしより重要になるのは、倒産（118 件）以外の形で、福祉事業から退出する業者が、過去最多ペースで推移していることである。実際、2020 年（1 〜 10 月）の老人福祉・介護事業者の休廃業、解散は 406 件となっており、倒産件数の約 3.4 倍に達している (17)。こうした現実を踏まえると、高野龍昭（東洋大学・准教授）による次の指摘が重みを増すことになる。

　　　そもそもコロナ禍以前に、なんとか綱渡りで経営を続けている訪問介護や通所介護の事業所が多い中で、今回のコロナ禍が起こって、経営が立ち行かなくなっている事業所が増えている。介護サービス事業所が継続できなくなると、結果的に高齢者は体調を崩し、医療機関を多く受診して入院する。医療機関をますますひっ迫させる。介護崩壊はそのまま医療崩壊にもつながりかねない。 (18)

　なお、この高野の指摘は、石橋未来（大和総研）による次の見解と、一体化して捉えることができる。

　　　〔コロナ禍でも：筆者注〕件数が増加したサービスは、継続的な利用が多い居宅介護支援や福祉用具貸与のほか、利用者のほとんど

が要介護3以上である施設サービスなど、重度者の割合が高いサービスである。その他の居宅サービスでも件数の増加が目立ったのは居宅療養管理指導であり、これは医師や薬剤師などの専門職が要介護者の自宅を訪問して健康管理の指導等を行うサービスのことで、利用者の半数以上が要介護3以上（重度者）である。

これらの点から、継続的な利用が必要なサービスや重度者の利用が多いサービスは、コロナ禍で感染リスクが高まっている中でも尊厳を保持しながら生活を行う上で不可欠なサービスとして社会に定着していることが窺われる。[19]

それでは、この高野と石橋の指摘に、【表3-2】から明らかにされた知見を加味したならば、どのようなことがいえるのであろうか。それは「介護崩壊はそのまま医療崩壊にもつながりかねない」、「継続的な利用が必要なサービスや重度者の利用が多いサービスは……不可欠なサービスとして社会に定着していることが窺われる」という文言が示唆するように、【表3-2】で可視化された介護福祉領域における現実レベルでの困難は、コロナ禍において、特に要介護度の高い者にとっての医療アクセスの困難さと一体化する可能性が高い、という含意である。

換言すれば、介護福祉領域への限定的な公的関与は、結果として、医療アクセスにもマイナスに作用する可能性を高める、ということである。アンケート調査結果そのものから得られる知見に加え、こうしたマクロ的な観点からの検証によっても、個人や地域レベルでの自助努力ではない、公的政策の重要性が再確認されるといえよう。


## 小括

今回の分析から導かれた知見は幾つもあるが、筆者として特に重要だと考えるのは、繰り返しになるが、やはり次の見解である。それは、アンケート調査結果から導かれた「現在および将来の介護現場における困

難」を示唆する語を直視したならば、強化すべきは、政府が提唱するような地域共生社会をベースにした「自助や互助」などではなく、公的責任それ自体だ、ということである。

その上で、貧困層拡大社会という現実を鑑みたとき、公的責任を強化する上で重要になるのは、福祉サービスを利用できるだけの経済力を有するクライエントにとどまらず、ニーズを有するものの、経済的な理由からクライエントになれない人たちを排除しない姿勢である。よって、前述した公的責任の強化を検討する際に重視しなければならないのは、「応能負担の原則」、「必要即応、必要充足の原則」をベースにした、社会保障領域における公的政策の再構築という視点である。

今回の調査結果は、間違いなく、介護福祉士養成教員らの厳しい現状認識を可視化させたものである。しかしそれだけではなく、彼ら彼女らによる回答が示唆する「現状および将来の課題」の相当部分が、現行の公的政策に起因するものである以上、「第一義的には、公的責任による改善を求めざるを得ない」という見解の可視化だともいえる。

なお、これに関しては、「本来、介護人材の養成・確保という社会的要請に応えることは国の責務[20]」との指摘がある。こうした真っ当な見解を、我々国民がどのように認識し、評価するのか。問われるのは、公的政策とともに、我々自身でもあるといえよう。

〔注〕
(1) 本書第2章および［阿部敦・他2021b］45〜56頁。次も参照。［阿部敦・他2021a］60〜73頁。
(2) ［赤堀将孝・他2020］170〜171頁。
(3) 介護福祉士養成教育は、4つの領域、すなわち、「人間と社会」、「介護」、「こころとからだのしくみ」、「医療的ケア」から構成されている。すなわち今回の調査協力者は、当該4領域のなかでも、介護福祉士養成教育における中核教員ということになる。
(4) 少し古い資料になるが、川口啓子は2016年の論考で、次のように指摘している。「……こうした現実にありながら、介護職を代表する介護福祉士の結集力は弱く、

日本介護福祉士会への加入率も 4.1%（大阪 2.6%）ほどである。この背景にも貧困が見える。介護福祉士会に加入しない理由の第一は『お金がかかる』、第二は『資格取得で満足』というものである」。［川口啓子 2016］28 〜 29 頁。

(5) 本章注（1）を参照。

(6) ［全国福祉保育労働組合 2021］58 〜 59 頁。

(7) 同上。

(8) ［安田光良 2021］20 頁。

(9) ［井上ひろみ 2021］44 〜 45 頁。

(10) ［一般社団法人 日本ソーシャルワーク教育学校連盟（編）2021］104 〜 105 頁。次も参照。三菱 UFJ リサーチ＆コンサルティング株式会社（2019）「地域包括ケアシステムの深化・推進に向けた制度やサービスについての調査研究報告書」https://www.murc.jp/sp/1509/houkatsu/houkatsu_01/houkatsu_01_1_2.pdf（最終閲覧 2021 年 8 月 21 日）

(11) ［山崎光弘 2021］27 頁。

(12) ［小堀智恵子 2021］17 頁。

(13) 株式会社 東京商工リサーチ（2021）「2020 年『老人福祉・介護事業』の倒産状況」https://www.tsr-net.co.jp/news/analysis/20200108_00.html（最終閲覧 2021 年 8 月 21 日）

(14) 同上。

(15) 石橋未来（2020）「コロナ禍で顕在化した介護の課題——介護給付の重点化と効率化が急務」https://www.dir.co.jp/report/research/policy-analysis/social-securities/20200930_021797.pdf（最終閲覧 2021 年 2 月 27 日）。

(16) 本章注（13）と（15）参照。

(17) 同上。

(18) 関西テレビ放送 報道ランナー（2021）「コロナ禍で『介護サービス』の倒産が過去最多に……医療崩壊にもつながりかねない "介護崩壊"」https://www.ktv.jp/news/feature/20210202-2/（最終閲覧 2021 年 8 月 21 日）

(19) 注（15）の石橋のレポートの 3 頁目を参照。

(20) ［川口啓子 2020］7 頁。

# 第 4 章

# 横山壽一教授とのインタビュー談話記録

——介護福祉士養成教育に関する調査結果を踏まえて——

## はじめに

　本章および次章の目的は、ここまでの調査、分析を通じて明らかにされた知見を、マクロ的な観点から捉え直すことで、現状改善に資する政策の（大枠としての）特徴について理解を深めることである。それは同時に、介護福祉従事者らに対する「無意識で悪意のない見下し」[1] という現状を、いかにすれば改善できるのか、少なくとも緩和可能なのか、という問いにつながる行為でもある。

　上記の目的を果たすため、本章では横山壽一氏（佛教大学社会福祉学部教授 兼 公益財団法人 日本総合医療研究所副理事長）に対して、分析結果を踏まえたインタビュー談話を依頼した。また、次章においては、川口啓子氏（大阪健康福祉短期大学福祉実践研究センター教授）と、小田史氏（大阪健康福祉短期大学介護福祉学科教授）に対して、同様の趣旨の依頼をした。幸いにして、各氏から快諾を得ることができた。これにより筆者は、現状改善に資する政策の（大枠としての）特徴に接近するという目的を果たすことができるであろうと期待し、事実、そのようになったと認識している。

　インタビュアーは、いずれも筆者（阿部敦）である。インタビューは、横山教授とは 2021 年 3 月末、川口教授、小田教授とは同年 4 月末に実施した。

　なお、掲載されるインタビュー記録には、発言内容の趣旨に影響を与

えない限りにおいて、横山教授と川口教授、小田教授からの了解を得る形で、参考資料となる情報を追加した箇所がある（本章の場合は、【表4-1】〜【表4-6】の部分）。また、実際のインタビュー内容は多岐にわたるが、紙幅の関係上、本章ではその一部を掲載している点を、予め申し添えておく。

## 1. 国家資格成立過程からの問題

阿　部——横山先生、ご無沙汰しております。さて、今回、拙稿に目を通して頂いたわけですが、どのようなご感想を抱かれましたでしょうか？

**横山教授**——今回、阿部さんの論考を読ませてもらい、幾つかの印象を抱きました。大きく4つの観点からお話ししたいと思います。1つ目は、介護福祉士の国家資格成立に至る過程での課題。2つ目は、最新の介護福祉士養成テキストから抜け落ちた部分に関する課題。3つ目は、留学生、就職先、そして大学教育が、従来以上に「ビジネスの対象」として捉えられている……という課題。そして4つ目は、労働者の権利性の弱体化は、結果として私たち自身の課題になる、という点です。それでは、1つ目の項目から、お話ししたいと思います。

阿　部——介護福祉士の国家資格成立に至る過程での課題ということは、社会福祉士及び介護福祉士法（昭和62年法律第30号）に関することになるのでしょうか？

**横山教授**——そうですね。この法律に至る過程で、社会福祉士と介護福

祉士の機能、役割などが議論されました。様々な見解が表明されたわけですが、最終的にソーシャルワークとケアワークの分離という観点から、前記２つの資格が作られることになりました。もっとも、この経緯に関しては、幾つもの先行研究がありますので、そちらに譲りたいと思います（→たとえば、浅原千里による【表 4-1】を参照）。

　その上で、ここで強調したいことは、もともとは「社会福祉士法試案」の考え方（1971 年）に代表されるように、「すべての福祉職をソーシャルワーク実践者と位置づけ、既存職種での任用を求めた経緯（→【表 4-1】では「包括モデル」に該当）」があったことです。もっとも、最終的には、こうした考え方は採用されなかったわけですが。

　時代背景や様々な理由がありますので、ここで詳細を論じることは控えたいと思いますが、「福祉専門職は、介護等の直接処遇従事者と、要援護者のニーズ把握、サービス調整、職種間の連絡調整を担うコーディネーターあるいはマネジメント的な役割に分類される（→【表 4-1】では「職務分離モデル」に該当）」という考え方は、実態に即しているかといえば、かなり疑問です。この点に関しては、当時の状況を振り返っても、大切なポイントだと思います。

　実際、介護等の直接処遇従事者である人たちは、普通にしていれば、介護を行いながら利用者さんの希望や悩み、時には葛藤などを聞き、さまざまな福祉相談を介して助言をするのが、自然な対応になるはずです。しかし、介護福祉士の資格の規定に依拠すれば、そうした相談援助活動に応じることは難しくなります。

　介護福祉士の仕事を、「単に介助をする職業」と捉える人がいます。そうかと思えば、介助をする過程で行われる相談援助活動は、それが自然な対応であることから、相談援助的な機能を介護従事者の職責から分離するといった考え方には、批判もあります。当然といえば、当然ですよね。

　また、そもそも資格法が意図するソーシャルワークの意図と、社会福祉系関係者の間のソーシャルワークの理解……というか「期待」にも、齟齬が生じています（→前掲の【表 4-1】の「機能分離モデル」を参照）。

【表4-1】浅原千里（2017）による「資格制度の成立過程における
ソーシャルワーク・ケアワークをめぐる議論の枠組み」

| モデル名称 | 内　　容 |
|---|---|
| 包括モデル | 1971年「社会福祉士法試案」の考え方<br>→すべての福祉職をソーシャルワーク実践者と位置づけ、既存職種での任用を求めた。 |
| 職務分離モデル | 1971年「全社協答申」<br>1975年「社会福祉教育のあり方について（答申）」<br>1987年「社会福祉士及び介護福祉士法」の資格制度の本質<br>→相談・サービスのコーディネート・マネジメント業務と直接処遇業務の分業化 |
| 機能分離モデル | 1987年「社会福祉士及び介護福祉士法」成立前後の議論の枠組み<br>→社会福祉士はソーシャルワーク機能、介護福祉士はケアワーク機能を担うこととする。<br>→相談・サービスのコーディネート・マネジメントを担当する社会福祉士はソーシャルワークの担い手であるとする社会福祉領域関係者の理解と、資格法が意図する「ソーシャルワーク」との間に齟齬が生じている。 |
| 専門性モデル | 機能分離モデルと職務分離モデルとの間に、ソーシャルワークの認識についての齟齬があるなかで、社会福祉士はソーシャルワークの専門性、介護福祉士はケアワークの専門性を備えるとの認識が形成され、養成教育が行われている。 |

出典：［浅原千里 2017］60頁。

　こうした現実からも理解できるように、介護福祉士はもちろんですが、実は社会福祉士も、その専門性や職責などの意味で、真に確立されたものがあるのかといわれれば、どうなんでしょうね……。しかし、だからといって、介護福祉士をやめて、社会福祉士と一本化するという提案には、いろいろな意味でリアリティーがない。現に介護福祉士は、福祉系国家資格では最多の取得者がいる資格ですから。その意味でも、「介護福祉士とは何者なのか」という専門性に対する問い直しには、非常に重い意味があります。

## 2. 最新のテキストから抜け落ちた部分の重み

阿　部——資格制度の設立過程を鑑みれば、たしかに最初から「我々は、何者を育成しようとしているのか」という問いが横たわっていたわけですね。しかも、そこに人材不足が追い打ちをかけています。最近では、留学生への依存が人材不足問題を複雑化させていますが……。この点について、先生はどのような印象をお持ちですか？

横山教授——これに関しては、論点がかなり幅広いですから、最新のテキストから抜け落ちた部分との絡みから、お答えしたいと思います。

　今回、阿部さんたちの論考を読んでいて目にとまった資料の一つが、中央法規の「介護の基本Ⅰ」と「介護の基本Ⅱ」を一体化して捉えた場合の「2018 年度版のみにみられた項目（→ 2019 年度版では削除された諸項目）」でした（次頁参照）。というのは、その資料によると、「介護の概念・定義」、「介護の専門性」、「介護の仕事の本質的価値」、そして様々な観点からみた「（介護の）意義」に関する項目が、ごっそり抜け落ちていたからです。

　仮に他の部分で補っている側面があるとしても、「介護の基本」という基盤科目で、仕事の専門性や価値、そして意義などの部分を軽視するというのは、とりもなおさず、「介護福祉士とは何者であるのか」ということが説明しにくい現状の反映ではないでしょうか？ もしくは、理想と現実との乖離が甚だしいとか。

　また、こうした専門性の希薄さは、資格を取得しても、業務独占ではないという現実と連動しますし、処遇が改善されない理由の一つにもなるでしょう。テキストから透けてみえる「専門性の希薄さ」というイメージは、正直なところ、かなりの衝撃ですね。とはいえ、この現状は、皮肉にも留学生の確保には、理論的にはプラスにつながると思うんですよね。

【表4-2】2018年度版のみにみられた項目(→2019年度版では削除された項目)
　　　——【表1-5】の再編

| 第1章 | | 自立に向けた介護とは |
|---|---|---|
| 第1節 | 第2項 | 日本における介護の成り立ち |
| | 第3項 | 介護の概念・定義 |
| 第2節 | | 「生活支援」としての介護とは |
| | 第1項 | 介護の専門性 |
| | 第6項 | 介護の仕事の本質的価値 |
| 第2章 | | 介護を必要とする人の理解 |
| 第3章 | | 介護のはたらきと基本的視点 |
| 第1節 | | さまざまな生活支援とその意義 |
| | 第1項 | 介護職が行う生活支援 |
| | 第2項 | 身体介護とその意義 |
| | 第3項 | 生活援助とその意義 |
| | 第4項 | 生活支援ニーズを見出す相談援助とその意義 |
| | 第5項 | 利用者・家族に対する精神的支援とその意義 |
| | 第6項 | 社会・文化的な援助とその意義 |

**阿　部**——それはどういうことでしょうか?

**横山教授**——介護の専門職を養成するという場合、本来であれば、介護技術的なスキルのみを教授するわけではないはずです。しかし、仕事の専門性や価値、そして意義などの部分を削除する一方で強調されているのは、これも阿部さんたちの分析結果が指摘するように「多職種連携・協働」です。もちろん、それは多職種間連携を意識することによる役割分担論と一体化しますので、役割としての技術、すなわち介護技術の重視となりますし、少なくともそうなりやすい素地は形成されることになる。

【表4-3】2019年度版から新たに挿入された諸項目──【表1-6】の再編

| 章、節、項 | 『最新 介護の基本ⅠとⅡ』の一体的分析 |
|---|---|
| Ⅱの第4章第2節 | 多職種連携・協働に求められる基本的な能力 |
| 1 | 介護実践の場で多職種連携・協働が必要とされる意味 |
| 2 | 多職種連携・協働のためのチームづくり |
| 3 | 多様な視点と受容を必要とする協働 |
| 4 | 課題解決に対する多職種のかかわり |
| 5 | 多職種協働を成功させるための介護技術と知識 |
| 6 | 多職種協働とホスピタリティ的視点 |
| 7 | 多職種協働に求められるコミュニケーション能力 |

　そして、ここが大切なことになるのですが、文化や言葉の違いはあっても、介護技術という側面では共通理解が得やすい、という点です。なにしろ「技術」ですから。そうなると、介護福祉士養成施設で学ぶ留学生の増加を政策的に展開している政府としては、多職種連携・協働という名の下に、「介護の概念・定義」、「介護の専門性」、「介護の仕事の本質的価値」、そして様々な観点からみた「(介護の)意義」に関する項目が、ごっそり抜け落ちているテキストでも「それほど大きな問題なし」ということになるのかもしれません。

阿　部──たしかに、そうですね。そうした見解を踏まえると、介護福祉士という職種の専門性の曖昧さは、最終的に「介護福祉士≒介助技術士」というイメージに矮小化される可能性も内包しているわけですね。技術士といえば、専門職というイメージは抱きますが、技術論がメインの対人援助技術となると……従来とは異なる意味で、他の医療・福祉系資格者から下にみられる可能性はありますね。

## 3. 外国人留学生、就職先、そして大学がビジネス化される現実

**横山教授**——まぁ、そういう意味でも、留学生の存在には重い意味があるわけです。たしかに、今後数年間は、コロナ禍により留学生は減少するでしょうが、それでも、国の外国人介護従事者活用政策は継続するでしょう。実際、そうした動きを加速化させている政策は幾つもありますが、特に、国家試験に不合格となっても、介護職に5年間従事することで、介護福祉士の資格が付与されるという過渡期的な制度は、その最たるものですよね（【表4-4】を参照）。

　介護福祉士国家試験に落ちても、暫定的な介護福祉士という、なんとも微妙な立ち位置は確保できる。そして経過措置とはいえ、しばらくの間は正規の介護福祉士でなくても、同じような仕事をすることが可能になる。そうなると、そのような状況を可能にするためにも、技術重視となってしまうし、そうすることで先程のようなテキスト内容でも整合性が生じることになる。

　さらにいうと、——幸い、今はコロナ禍で、当初の目論見どおりということはないと思いますが——中部地区の高等教育機関に勤務する大学教員が話していたのですが、少子化に伴って学生確保に苦慮している大学や、短期大学、専門学校の足元をみて、「留学生を斡旋します、就職先も斡旋します、だから、まとまった数の留学生を受け入れませんか」という仲介業者が訪問して来るそうです。文字どおり、入学から就職までのトータルパッケージでの売り込みをする斡旋業者が存在する、ということですね。幸い、知人の大学では、「怪しいものには手を出さない」ということで、話は頓挫したようですが……。

　介護福祉士という国家資格が、実に怪しげな斡旋業者らにとって「食い物の対象」とされている実情があるんです。そうした中で、専門性の

**【表4-4】留学生（暫定）介護福祉士採用プログラム**

| 法律 | 出入国管理法および難民認定法 |
|---|---|
| 就労（実習）期間 | 最長5年（更新可） |
| 送り出し国 | 制限なし |
| 雇用契約 | 基本的に日本人従業員と同様 |
| 日本語能力 | おおよそN2級以上 |
| 斡旋機関 | |
| 配属までに必要な期間 | 留学ビザとして入国<br>→ 介護福祉士養成施設（2年以上）<br>→ 暫定・介護福祉士資格取得 → 配属 |
| 可就業場所の制限 | 介護保険適用事業所は全て可 |
| 在留資格 | 介護ビザ（平成29年9月1日施行） |

出典：サンケアホールディングス株式会社「留学生（暫定）介護福祉士 採用プログラム」
http://www.suncare-life.com/ryugaku_saiyou/（最終閲覧2021年9月1日）

確立と、それを実現させるための教育内容をどう担保するのか。その上
で、介護福祉士に対する正当な対価が保証されない限り、非常に厳しい
現実が想定されることになるでしょうね。

## 4．権利性の弱さは、私たちの問題になる

阿　部——本当に、重い現実ですね。そういえば、不合格者に対する
救済措置という国の対応以外にも、近年では、在留資格である「特定技能」
の本格的稼働により、外国人を介護現場で雇用できるようにもなりまし
た。コロナ禍がなければ、既成事実化の流れは今以上に加速化していた
でしょうが、幸か不幸かコロナ禍で頓挫している側面があります。この

点、どうお考えですか？

**横山教授**——たしかに、コロナ禍という現状が、ある種の課題を先送りしている側面があるとは思います。とはいえ、あまり楽観はしない方が良いでしょうね。実際に、外国人の技能実習生をとりまく人権侵害の現状からも容易に推察できるように、権利が十分に保障されていない人たちには、様々な問題が押し付けられてきた歴史があるのですから。

そしてこの点は、特に他者の人権に直接関与する介護職だからこそ、彼ら彼女らの労働条件や人権に目をつむるようなことがあってはならないのです。だからこそ、改めて、介護福祉士としての意味や養成方法が、このままで良いのかを問い直す段階にあるわけです。突き詰めれば、誰にとっての介護福祉士像を想定するのか、ということになりますね。

繰り返しになりますが、労働者としての権利性の弱さは、社会的、経済的に厳しい状況下にある人に集中します。貧困層拡大社会の日本において、これは他人事ではありません。

**阿　　部**——たしかに、そうですね。そう考えると、生活保護の減額政策に関する国の責任を争った名古屋地裁判決（2020 年 6 月）と大阪地裁判決（2021 年 2 月）[2] は、非常に身近で重い判決ですね。

**横山教授**——名古屋地裁では原告敗訴でしたが、その後の大阪地裁における原告勝訴判決の意味は大きいですね。ある意味、朝日訴訟クラスの重みがあると思います [3]。問題は、その認識が我々の側にあるのか、ということでしょう。

もっとも、その後の札幌地裁判決（2021 年 3 月）では、生活保護費訴訟に関して、「国の判断や手続きが裁量権の範囲を逸脱したとは言えず、憲法に違反していない」と、原告側の請求を全面却下しましたよね。最低水準の更なる下方化は、先にも述べた権利性の弱い人の労働条件の悪化に連動します。その意味でも、介護労働の問題については、貧困問題のようなマクロ的な観点からの考察も重要になりますね。

阿　　部——本当に、そうですね。それにしても先生とのお話を通じて、改めて介護福祉士の専門性や国家資格の意味が分からなくなってきます。先ほどのお話にもありました国家試験不合格者への特例措置に関してですが、それを生み出した一因は、おそらく介護福祉士養成施設において在学生全体の約3割を占める留学生の合格率の低さです。実際、2019年の介護福祉士の国家試験では、養成校の卒業見込みとなっている人のうち、日本人の合格率が90.9%であるのに対し、留学生の合格率は27.4%にとどまっていました[4]。

　とはいえ、例外措置を設けてもなお、介護職の人手不足は深刻化するばかりです。さらにコロナ禍で、新規の留学生確保が難しくなるので、通常であれば、需要と供給の関係から、介護職の待遇改善が、もっと真正面から論じられても良いはずですが……。

　実際、第7期介護保険事業計画に基づく介護人材の需要をみると、2020年度末には約216万人、2025年度末には約245万人は必要であるとされています。よって、2025年度末までに約55万人の介護人材を確保する必要があるわけです[5]。しかし今のままなら、そうはならない。であるなら、5年後の例外措置の延長も、あって不思議ではないですね。焼け石に水ではありますが……。

**横山教授**——まぁ、そうした現実があればこそ、阿部さんのアンケート調査結果にもあった「介護福祉士国家試験それ自体が簡単になっている」という声が、現職教員はおろか、受験生からも出てくるのでしょうね。そういえば、つい数日前に、最新の合格率が公表されていましたね。

　第33回介護福祉士国家試験養成施設等別合格率には、いろいろなタイプの合格率が掲載されていますから、ここでは福祉系高校ルートを除いてお話ししますが、公表された資料等によれば、養成施設ルートの「留学生を除いた受験者」の合格率は88.7%であるのに対して、同じく養成施設ルートの「留学生受験者」の合格率は34.1%となっています。

　そして、この「留学生の合格率」に関していえば、2年前よりも7%

【表 4-5】介護福祉士国家試験合格率推移

| 試験年度 | 合格率 |
|---|---|
| 第 29 回（2017 年度） | 72.1% |
| 第 30 回（2018 年度） | 70.8% |
| 第 31 回（2019 年度） | 73.7% |
| 第 32 回（2020 年度） | 69.9% |
| 第 33 回（2021 年度） | 71.0% |

出典：厚生労働省（2021）「介護福祉士国家試験の受験者・合格者の推移」
https://www.mhlw.go.jp/content/12004000/000757036.pdf
（最終閲覧 2021 年 8 月 24 日）

近く高くなっています。もちろん、2年で7％の合格率の上昇というのは、かなりの急上昇です。ですから、これは留学生の頑張りがメインなのか、それとも別な要因もあるのか……。試験問題の水準という意味では、検討する価値があるでしょう。と同時に、日本人学生の合格率は、同時期で2％以上も減少しています。日本語能力が低下している日本人学生が多いという現職教員からの指摘が、アンケート調査結果に出ていましたので、これもまた、示唆的ですね。

阿　部——何とも考えさせられる数値ではありますね。もちろん、こうしたデータからは、多くの人が、国による安易な人材確保政策という姿勢を感じることでしょう。また、そうした安易さが、あまりに露骨であるが故に、若年層が抱く「社会保障観」の変容（本章末〔補足解説〕参照）が、加速化されているのかもしれませんね。いわゆる「損得勘定的な社会保障観」の広がりです。

　ところで、ここまで先生とのお話を経て、先生と私の専門領域である社会保障学に関しても、少し話しておきたくなりました。

　先生はすでにお気付きかもしれませんが、社会福祉士・精神保健福祉士向けの「社会保障論」（中央法規）の最新のテキスト（2021 年度版）は、前年度までの旧バージョンと比較して、50 ページ近くページ数が減少

しています(6)。最初にこのテキストを手にしたとき、私はその大幅な減少に驚いたものです。

　また、削除というのは不適切かもしれませんが、簡略化された箇所の一つに、社会保障の歴史的な側面があります。その一方で、制度論の部分は、それなりに詳しく書かれていました。その結果、これはあくまでも私見に過ぎないわけですが、メインが社会保険制度、従たる位置付けで社会扶助制度……あとは、現実社会に関するマクロ的観点の紹介……という心象を、今回の（社会保障の）テキストには抱きました。

　もちろん、削除された内容が、他の科目で補われている可能性もあるので、短絡的な断定はできません。とはいえ、いかにも自己責任論が強調される時代の社会保障論のテキストだな……という印象を受けました。何しろメインが社会保険制度なわけですから。

　そうした特徴があるテキストであればこそ、なのでしょうね、いかに生活保護を扱うテキストが他にあるとはいえ、社会保障のテキストに占める生活保護の記述ときたら、わずか6ページあまりにしか過ぎませんでした。そして、旧バージョンでは索引に掲載されていた朝日訴訟も、最新版では出てきません(7)。

　朝日訴訟が出てこない社会保障のテキストが使われるようになるとは……。そう考えると、変化してゆくのは介護福祉士養成教育だけでなく、社会福祉士や精神保健福祉士を含めたわが国における福祉系職種養成教育全般なのかもしれませんね。

　いずれにしても、先生、本日はお忙しいところお時間を頂き、ありがとうございました。大変、勉強になりました。


横山教授——こちらこそ、ありがとう。


## 小括

　横山教授とのインタビューからは幾つもの知見を得ることができる

が、筆者が特に重要だと考えるのは、わが国の介護福祉士国家資格には、最初から大きな問題が内在していたのではないか、という趣旨の指摘である。

　その上で、特に人員確保が難しい介護福祉領域を中心とする福祉系資格の養成施設では、入学から就職までのトータルパッケージで、外国人留学生の売り込みを目論む仲介業者の存在も指摘された。もちろん、そうした存在が大きくなれば、外国人労働者を含む労働者の権利弱体化の可能性が想定される。換言すれば、介護に限らず他分野における水準の低下が起こり得る、ということである。その意味で、介護をとりまく課題は、決して対岸の火事ではないといえよう。

〔補足解説〕

　筆者は、拙稿（2017）[8]において、現役大学生を対象に「社会保障観」に関するアンケート調査を実施し、その収集したデータを、クラスター分析にかけることで、「わが国の若年層が抱く社会保障観の全体像」として、【表4-6】を作成した経緯がある。調査時期との関係から、あくまでも参考程度にとどめておくが、社会保障抑制政策の継続的展開を前にして、自己責任論、諦め観、無関心などがベースにある社会保障観が、全体の少なくない割合を占めていたことは、非常に示唆的であった。なお、詳細は拙稿に譲るが、後掲する表の左側の「C」は、クラスター（ここでは「社会保障観」）のことである。

　なお、この【表4-6】でポイントになるのは、（1）現役大学生の社会保障観を6つのクラスターに分類した場合、特段の社会保障観を有さない〔クラスター3〕が全体の25.0％を占めること、（2）〔クラスター2〕や〔クラスター6〕のように、若年層に対する負担増に対して批判的なスタンスを示す割合も、それぞれ10.8％、13.7％、合計で約25％を占めること、（3）その一方で、〔クラスター4〕のように、貧困層の拡大を背景とする弱者救済的価値観への支持を表明する若年層が35.1％を占めていることも確認された、という3点である。

　換言すれば、これら（大枠としての）3つの社会保障観だけで全体の約85％を占め、かつ——〔クラスター4〕の比率が大きいものの、他との差異が著しいわけではない、という意味で——それらが似たような比率で並存する状況が見出された、ということになる。これは、社会福祉基礎構造改革が進展する中、3つの異なる社会保障観の並存を明示しており、それ故「社会保障の概念が揺らいでいる」とでも解釈可能な状況である。すなわち、この【表4-6】は「新しい社会保障観」形成への過渡的状況の反映ではないだろうか、と筆者は考えている。

【表 4-6】現役大学生の抱く社会保障観（各クラスターの特徴と因子得点）

| 福祉観類型 | その主たる特徴 | 度数（人）割合（%） | 自己責任・市場化 | 増税・国家責任 | 格差・貧困 | 世代間対立 |
|---|---|---|---|---|---|---|
| C-1 | 自己責任論の受入れと理念的な福祉観の並存タイプ | 44人 8.2% | -1.532 | -0.703 | 0.141 | -0.327 |
| C-2 | 自己責任論をベースとしつつも、自世代への負担増には否定的なタイプ | 58人 10.8% | -0.933 | 1.331 | 0.307 | -0.868 |
| C-3 | 特段の福祉観を有さないタイプ | 135人 25.0% | -0.210 | 0.244 | 0.876 | 0.514 |
| C-4 | 貧困層拡大の現状認識をベースに、弱者救済的価値観を支持するタイプ | 189人 35.1% | 0.438 | -0.292 | -0.530 | 0.147 |
| C-5 | 福祉優先で若年層対象を含む負担増を許容し、国家責任を重視するタイプ | 39人 7.2% | 0.639 | -0.988 | 0.510 | 0.931 |
| C-6 | 社会保障制度による恩恵が不十分な為、自己世代への負担増には批判的なタイプ | 74人 13.7% | 0.571 | 0.194 | -0.837 | -0.929 |

注意：「自己責任・市場化」の値がマイナスになる程、市場化推進派であることを意味する。
「増税・国家責任」の値がマイナスになる程、国家責任重視派であることを意味する。
「格差・貧困」の値がマイナスになる程、貧困の広がりを認める傾向が強いことを意味する。
「世代間対立」の値がマイナスになる程、社会保障領域における世代間の損得勘定意識が強い（→若年層にとって不利な制度であるという認識が強い）ことを意味する。

出典：[阿部敦 2017] 153 ～ 162 頁。

〔注〕

(1) 「介護職にリスペクトを――大阪健康福祉短大教授・川口啓子さん」『朝日新聞』2020 年 6 月 3 日。

(2) 日本弁護士連合会 会長声明「恣意的になされた生活保護基準引下げの見直しを求める会長声明」(2021.3.4) https://www.nichibenren.or.jp/document/statement/year/2021/210304.html(最終閲覧 2021 年 9 月 1 日)

(3) 朝日訴訟とは、「生活保護法に基づく保護基準が憲法第 25 条にいう健康で文化的な最低生活を保障しているか否かを国を相手として争った訴訟。1960 年一審判決では原告朝日茂〔1913-1964〕の勝訴。1963 年二審は〈すこぶる低額だが違法でない〉として厚生大臣の勝訴。1967 年最高裁判所判決は原告死亡のため訴訟終了を宣したが, 多数意見傍論で二審判決を支持」(平凡社百科事典マイペディア)。次を参照。

https://kotobank.jp/word/%E6%9C%9D%E6%97%A5%E8%A8%B4%E8%A8%9F-25086(最終閲覧 2021 年 8 月 24 日)

(4) 株式会社 クーリエ(2020)「介護福祉士国家試験の完全義務化は見送り! 人材の質と量を両立するには待遇の改善がマストに」

https://www.minnanokaigo.com/news/kaigogaku/no804/(最終閲覧 2021 年 8 月 21 日)

(5) 厚生労働省(2018)「第 7 期介護保険事業計画に基づく介護人材の必要数について」https://www.mhlw.go.jp/stf/houdou/0000207323.html(最終閲覧 2021 年 8 月 21 日)

(6) 〔一般社団法人 日本ソーシャルワーク教育学校連盟(編)2021〕。

(7) 同テキストの「はじめに」には、「……医療保険制度、年金保険制度、労災保険と雇用保険制度については、ほかの巻ではなくこの巻で主に論じている。介護保険制度と生活保護制度、その他の社会福祉制度については、ほかの各巻で詳細を論じているので、本巻では体系の全体を理解するための記述にとどめている」との記載がある。とはいえ、旧テキストにおいても、生活保護制度の項目には、相応の記述が認められ、生活保護をメインにした他の専門科目、すなわち、生活保護を中心にしたテキストがあったことも同様である。

(8) 〔阿部敦 2017〕153 〜 162 頁。

第 5 章

# 川口啓子教授および小田史教授とのインタビュー談話記録

——介護福祉士養成教育に関する調査結果を踏まえて——

## はじめに

　本章においては、川口啓子氏（大阪健康福祉短期大学福祉実践研究センター教授）と、小田史氏（大阪健康福祉短期大学介護福祉学科教授）のインタビュー記録を掲載する。

　川口教授は、博士（経済学／東北大学）の取得者であることが示すように、学問的ディシプリンは経済学となる。ただし、川口教授の学位取得論文は「医療生協の組織的特徴に関する研究——鳥取医療生協の歴史的考察を通して」であることから、厳密には、経済学をベースにした組織運営論、事務労働論、生協論などがご専門になる。また、介護福祉士養成校に 20 年近く勤務された経験から、介護福祉を含む社会保障領域を「福祉以外の視座」から捉えることに長けた研究者でもある。

　この点、前章でインタビューさせて頂いた横山壽一教授も、元々は経済学を主専攻とする研究者である。市場経済の有効性を認めつつも、それが社会保障領域に適用される際の弊害、すなわち「社会保障領域の市場化・営利化」政策[1] が展開されることによる影の部分について、経済学を主専攻とされる先生方からお聞きできるのは、福祉を主専攻にされてきた先生方からの指摘とは違う意味で、非常に貴重である。

　また、小田史教授は、純粋に介護福祉領域がご専門の先生である。現任校での在職年数は 20 年近くになる。

　川口教授と小田教授へのインタビューは、2021 年 4 月末に実施した。

ただし、コロナ禍のため、オンラインでZoomを介したインタビューを行った。なお、前章同様、掲載されるインタビューは、発言内容の趣旨に影響を与えない限りにおいて、川口教授と小田教授からの了解を得る形で、参考資料となる情報を追加した箇所がある（たとえば、【表5-1】や西尾孝司氏の論考からの引用）。これらの資料を挿入した理由は、読者の方にインタビュー内容とその趣旨を、より良くご理解頂くためである。また、同様の観点から、川口教授の刊行論文の中から、いくつかの文章を引用・紹介した。

　なお、実際のインタビュー内容は多岐にわたるが、紙幅の関係上、ここではその一部のみを掲載している。それでは、以下にインタビュー記録を掲載する。

## 1．学生が直面する「複合的な貧困」

**阿　　部**——川口先生、小田先生、本日はよろしくお願い致します。今回のインタビューは、私が川口先生の書かれた「介護職にリスペクトを」（『朝日新聞』2020年6月3日）を一読したことが、そもそものきっかけになりました[(2)]。その後、川口先生の書かれた「介護人材の不足——根底に横たわるネガティブイメージ」（2020）[(3)]、「介護をめぐる諸問題——介護福祉士養成校の学生にみる貧困の諸相」（2016）[(4)]を読ませて頂きました。

　今回のインタビューを進めるにあたり、川口先生が公表された前記の論考に絡めて質問をさせて頂いてよろしいでしょうか？　といいますのも、読者の方にとっては、その方が（第1章から第3章までの）分析結果に対する先生方のご見解を、より良く理解できると思うからです。

川口教授——分かりました。それでは、どうぞ。


## 1.1　介護福祉を学ぶ学生と「貧困の諸相」

阿　　部——ありがとうございます。先生の論考を読んで印象に残った
ことは多々ありますが、今回の分析結果との絡みから、次の 5 項目に
ついてお聞きしたいと思います。それらは順に、「貧困の諸相」、「介護
の専門性」、「介護福祉の重要性の伝え方」、「公的責任の守備範囲」、そ
して「留学生に対する認識」です。

　はじめに、介護福祉士を目指す学生および現役学生たちの間にみられ
る「貧困の諸相」に関することです。先生は前記の論考「介護をめぐる
諸問題」（2016）の中で、「……困難を抱える学生が決して多数を占め
るわけではないが、競争社会の遠心力に抗うことのできない学生たちが
介護という職をめざす現実を議論の素材に加えてほしい」（26 頁）とい
う但し書きをされた上で、次のように指摘しておられます。


　　　このような〔介護福祉士養成課程で学ぶ学生らの〕貧困とは、家
　　計や学力のみならず、家族、友人、食事、会話、住まい、ボキャ
　　ブラリー、愛情、態度、悩む力、気力・体力、集中力、行動範囲
　　……何からどういう順番で記せばよいかわからないが、生活の隅々
　　にまで根づいては現れる全般的な貧困である。（27 頁、〔 〕内は
　　阿部による挿入）

　　　これらの貧困には、うつ病、統合失調症、自閉症を含む発達障害
　　などの精神疾患を伴うケースもあり、親世代から続くこともある。
　　ひきこもり、家出、パニック、リストカットなどの現実にも遭遇
　　している。（同頁）


　そして、こうした「複合的な貧困」の具体例として、【表 5-1】を紹
介しておられます。この資料にある「貧困の諸相」は、本人の自助努力

【表5-1】介護福祉士養成課程で学ぶ一部の学生にみられる「貧困の諸相」

| 【学生にみられる貧困の諸相 例示】 | |
|---|---|
| 食　事： | 食費は節約しやすい。食事の種類も量も限られ、味覚は貧困になり栄養も偏る。一方、酒やタバコは中学生のころから習慣化してしまう学生もいる。 |
| 電　話： | 固定電話がないため、子ども時代の「○○さんのお宅ですか。△△ちゃん、いますか?」という経験がない。実習先への電話のかけ方は授業で教えている。 |
| 住まい： | 両親のけんかで、「障子も襖も、家中、破れていないところはない」、「家中、モノが散乱している」と言う学生。教科書やレジュメ、実習記録などの整理が困難である。 |
| 言　葉： | 出身高校について「府立? 私立?」と聞いても、公・民の知識や概念がなく、質問の意味がわからない。あるいは、「社会的背景」という言葉に「テキハイケーって?」など。 |
| 悩む力： | 遅刻を繰り返す学生。注意を受けたことについては悩むが、「なぜ、遅刻するのか」を自らに問えず、遅刻の原因には悩めない。他者から指摘をされても響かない。 |
| 行動範囲： | 「電車で出かける」という経験ができない家計で育ったため、電車の乗り方(ホームの区別や切符の買い方)を知らない。JR、私鉄などの区別も難しい。 |

出典：[川口啓子 2016] 27 頁。

やその程度とは無関係の部分、すなわち、家庭の経済状況や生活環境が主たる規定要因になっていると考えられるものです。それ故、環境次第では、誰にでも起こり得る「貧困の形」なのだと認識しております。

　川口先生のこうしたご見解を踏まえた上での質問となりますが、ここ数年の「留学生の増加」と「コロナ禍」という新たな要因が加わったことで、先生が認識される限りにおいて、「貧困の諸相」という観点から、何かしら変化を感じられるところはありますでしょうか? コロナ禍に伴い、家庭の経済状況がさらに悪化し、学生アルバイトもし難くなる状況が長期化していますので、いかに幼少期からの「複合的な貧困」の蓄積がベースにあるとはいえ、「貧困の諸相」の程度が、さらに悪化しているのではないか……という危惧を、個人的には抱いています。

**川口教授**——私は 2002 年に現任校に着任しました。この間、「ワーキングプア」という言葉が一般化する程、日本は貧困層拡大社会となっています。ですから、貧困層の多さという意味では、着任当初から（貧困に直面している学生の存在は）認識していました。その意味では、コロナ禍によって「貧困の諸相」に関する急激な悪化は見受けられなかったように思います。ただし、これまでの貧困の蓄積が「貧困の諸相」の反映でもありますので、根の深い問題が、従来以上に深刻化した可能性はあるでしょうね。

**阿　　部**——たしかに、コロナ禍以前からの日本社会全体における貧困の蓄積がありますよね。それでは、小田先生は、学生の経済状況等については、どのような印象をお持ちでしょうか？

**小田教授**——そうですね、この 2 年余りという意味では、家庭の経済状況にかかわらず、大学、短期大学、高等専門学校、専門学校への進学機会を提供する目的で始まった、国の「高等教育の修学支援新制度」（令和 2 年）の使用を前提とする学生が多くみられるようになりました。そのため、入学金や授業料などに関しては、何とか目途がついた学生は多いと思います。

　しかしコロナ禍に伴い、アルバイトなどによる収入が十分には確保できないことから、特に貸与型奨学金制度を利用している学生にとっては、（卒業後のことを考えると）非常に厳しい現実があります。事実上の借金ですので。その意味では、生活が崩れやすい学生は少なくないと思います。とはいえ、こうした点は、他大学でも同じなのが実状だとは思いますが……。

## 1.2　介護福祉を選択する一因は「貧困」にあるのか

**阿　　部**——修学支援新制度の活用を前提とする学生が増えても、足元の弱さは変わらない……というのは、重い現実ですね。また、川口先生

が指摘されたとおり、わが国は貧困層拡大社会といえる状況下にあります。それ故、介護福祉士を希望する学生だけでなく、様々な学科で学ぶ多くの学生が、経済的困窮下にあるのが実状です。ですから、川口先生が指摘された「貧困の諸相」には、学科を問わない側面もあるといえるはずですが、貧困に喘ぐ学生が、どうも介護福祉士養成課程には多いのではないか……という印象が、私にはあります。

なぜ、貧困に苦しむ若者たちの一定数が、介護福祉士を目指すのか。私見に過ぎませんが、おそらくその一因は、他の福祉系国家資格とは異なり、介護福祉士に関しては、高校の福祉系コースを出れば取得できる資格であるということと、仮に高校は普通科であっても、専門学校（2年制）や短期大学に進学すれば取得できる資格であること、などが影響しているように思えます。

つまり、経済的にゆとりがないからこそ、大学よりも早期に卒業できる専門学校（2年制課程）や短期大学に進学するケースが多い。そうなると、4年制大学よりも資格取得上の選択肢が最初から制限され、その数少ない選択肢の中に介護福祉士や保育士などがある。間違いなく絶対に必要かつ重要なエッセンシャルワーカーです。しかし、そのいずれの職も、世間一般的には過酷な労働条件で知られる職種でもあります。

もちろん、統計的なデータがあるわけではないため、こうした個人的な心象を一般化することは適当ではありません。とはいえ、川口先生が「底辺職」(5)という言葉との関連から述べておられるように、やはり介護や保育などの領域には、結果として低所得の家庭で育った学生が多いようにも思えます。この点に関して、先生方のご見解をお聞かせ頂ければと思います。

川口教授——たしかに、経済的な理由や、短期で取得できる資格だから……という理由で選ぶケースはあるでしょう。またそれ以外にも、資格が仕事に直結しやすいという意味では、有り体にいえば「食うに困らない」ことから、親御さんが介護福祉士を目指すようアドバイスをするケースも少なくはないと思います。実際、介護福祉士を目指す学生の親は、

福祉系従事者であったり、看護師であったりと、福祉・看護系の有資格者が多い印象がありますので。ですから、そうした親御さんからの影響を受けて、「手に職をつける」という発想から介護系への進学を決める学生は、それなりにいると考えております。

**小田教授**──もちろん、それ以外の理由も考えられますね。たとえば、入学動機などを調べてみると、中学校時における「職場体験学習」の影響も大きいように思います。

　福祉を学ぶ学生には、いろんなタイプがいるわけですが、福祉職は対人援助の職種ですから、一見すると、コミュニケーション能力の高い学生が望ましいように思われるかもしれません。しかし現実には、（自己評価で）コミュニケーション能力が高いとは言い難い学生が、そうした職場体験学習を通じて、利用者さんの話を聞いたり、「ありがとう」と声をかけられたりすることで、自らの存在意義といいますか……ある意味、「自分の居場所を見つけた」と感じるケースも少なくはないようです。本人が自覚しているか否かは分かりませんが、利用者さんの話を傾聴することは嫌いじゃない、ということですね。そうしたケースをみると、「貧困の諸相」とは、別な理由もあるように認識しています。

## 2.「介護の専門性」について

### 2.1　用語の定義と３つの価値

**阿　　部**──ここまでに「貧困の諸相」についてご意見を伺ってきました。また、「貧困の諸相」と資格選択との関係については、なるほどと思いました。とりわけ、コミュニケーション能力の低い学生が「居場所を見つけた」と感じて福祉の世界に入る、という小田先生のお話は印象

深かったです。それでは次に、「介護の専門性」について、取り上げたいと思います。

　もっとも、「介護の専門性」を論じるためには、先んじて「介護の定義」をしておく必要があります。また、「介護」と類似する「介助」との違いもおさえておかなくてはなりません。そこで、これ以降のインタビューでは、便宜上、日本ロングライフのHPにある以下の説明を「介護」と「介助」における言葉の定義として用いるようにしたいと思います。その上で、「介護の専門性」について、先生方のお考えを、お聞かせ頂ければと思います。

　　　介護は、単独で日常生活を送ることが困難な人に対し、生きていくために必要な生活全般を支援し、自立を目指す行為を指します。身体介助だけでなく精神面の援助も行うため、生活の質向上を目的としており、日常生活を意味するADL（Activities of Daily Living）を支援するためのものです。
　　　（中略）介助は、介護を実現するための手段であり、日常生活をサポートする『行為そのもの』を指します。食事や入浴、排泄の手助けを行うなど『介助行為』を指す点で、介護とは意味が異なります。[6]

**小田教授**——介護とは何かといわれた場合、「介護とは人が生きることを支えるための専門技術」となるわけですが、その技術には価値が伴います。その価値が専門性の担保になるわけです。これに関しては、川口先生が多くを語られるかと思いますので、お任せしたいと思います。

**川口教授**——それでは、私なりにお話ししたいと思います。先の「介助」と「介護」の定義を意識するなら、「介助≒技術」であり、そこに「価値」を付随させることで「介護」になる、と考えれば多くの方にはイメージしやすいのではないかと思います。

　「介助」に「生活支援」という考え方、すなわち「価値」が付随する。

「介助」に「自立支援」という価値が付随する。同様に、「介助」に「尊厳」という価値が付随する。もちろん、そうした価値の根底には、人権尊重という考え方があるわけです。そうした価値の総和が、介助技術に伴うことで介護になる……。非常に大雑把な捉え方ではありますが、そう解釈すると、分かりやすいのではないかと思います。

　ですから、技術論に（前記のような）価値が組み合わさることが、「介護の専門性」の根幹にあるといえるでしょう。そのため、大学などの高等教育機関では、技術というスキルを担保する価値観、すなわち、そうした価値を体系化した「介護理論」が一体的に教授されるべきだ、ということになります。


**阿　　部**──川口先生による介護の解説は、介護に馴染みのない多くの読者にとっても、非常に分かりやすいと思います。その上で、読者のことを意識して、ここで少しだけ補足させてください。川口先生や小田先生には既知のことになるわけですが、介護という学問のバックボーンになる価値は、大きく３つに分けることができます。この点に関しては、西尾孝司氏（淑徳大学教授）が指摘されるとおり、「介護福祉援助における価値の範疇には人権尊重といった非常に抽象度が高い価値から、ボディメカニクスの活用のような技法上の価値まで多様なものが含まれている。これらを全て同列において論じると議論は混乱するばかりであろう。……価値を理念価値、実践価値、技法価値に分け [7]」るべき……という部分が参考になります。そこで今回のインタビューでは、こうした価値の細分化を踏まえつつ、これまであまり介護に関心を向けることがなかった高校生や大学生を意識して、引き続きお話をして頂ければと思います。


## 2.2 「介護の専門性」と国民の介護に対する理解度、認識度

**川口教授**──そうですね、介護には、理念価値、実践価値、技法価値という３つの価値が併存するが故に、多くの人にとって「介護の専門性」

を理解し難くさせている面はあると思います。とはいえ、ご指摘の点は、介護に隣接する他領域でも同じことがいえるわけです。

　実際、医療も看護も、「技術」と「価値」が一体化しています。医療でいえば、医療技術があるのはもちろんですが、価値としての（たとえば）医療倫理もあるわけです。つまり、「技術」と「価値」が一体化する部分は、介護と同じです。しかし、介護と医療、看護には違いもあります。

　医療や看護の専門性、すなわち、それらの技術と価値は、医療機関という特定の環境下において構築され、実践されてきた側面が強いものです。言い換えれば、主に専門家の側から、学問的専門性が構築されてきた領域だといえるでしょう。

　その一方で、介護の専門性に関しては、少々、事情が異なります。介護の目的である「生活支援」という言葉からも分かるように、介護の主たる実践場所は自宅、もしくは自宅として機能する介護施設です。そのため、介護の専門性を構築するには、医療や看護の場合と同じように、専門家の知的貢献も重要にはなりますが、それだけでは足りず、暮らしの中からの構築、すなわち「生活者の側」からの関心、関与が極めて重要になるのではないか……と考えられるわけです。

　この点を突き詰めていえば、介護を利用する、また今は利用していなくても、将来において利用する私たちの（介護に対する）向き合い方が極めて重要になる、ということです。なぜなら、その国の介護の現状というのは、介護の専門家が生み出すものよりも、国民の介護に対する理解度、認識度の方がより反映されるからです。


阿　　部──今の先生のご指摘は、非常に重要な部分を含んでいるように思われます。私なりに言い換えれば、医師や看護師による医療・看護行為に関しては、患者や家族とのインフォームドコンセントが重視される昨今とはいえ、「情報の非対称性」という意味では、患者・家族側と医師・看護師側との隔たりは、それなりに大きいといえます。

　しかし、介護福祉士と当事者や家族側との隔たりは、介護が日常生活の支援行為であるが故に、少なくとも心象的には、それほどでもないよ

うに思われます。そのため専門性が低いと捉えられ、正当評価がされ難くなることにもつながります。しかし現実には、先程も指摘した（介護をとりまく）3つの価値という側面一つをとっても、介護の専門性は深いことが分かります。

　この「介護の専門性」に関しては、（前掲の論考である）「介護をめぐる諸問題」（2016）の中で、川口先生は、次のように書かれていましたね。

> 果たして、「誰にでもできる」仕事だろうか。たとえば、利用者の横に何時間も座り、利用者の断片的な話に耳を傾ける。しばらくすると、利用者は安心して自分を開示しはじめる……。座ることも耳を傾けることも「誰にでもできる」動作ではあるが、利用者が自分を開示しはじめるに至る行為に、専門性を備えた介護の実践力がある。決して「誰にでもできる」行為ではない。（29頁）

**川口教授**——ご紹介頂いた拙稿にもあるとおり、介護の実践力は、決して誰にでもできるものではありません。だからこそ、単純労働などではありません。しかし、「介護を単純労働と表現しないで欲しい」という日本介護福祉士会の声明（2018年6月）に象徴されるように、多くの国民が抱く介護への認識は、あるべき認識からは大きく外れているのが実状です。

　介護には高度な専門性が伴っていることを多くの国民が理解しなければ、介護の基盤となる3つの価値——理念価値、実践価値、技法価値——は揺らいでしまいます。当然ながら、介護の価値に揺らぎが生じれば、介護を提供する側にもその価値が十分に浸透せず、介護者間による質的格差も大きくなるでしょう。

　だからこそ、「介護の専門性」とその重要性を、早い段階で学生に対して教授する機会を設けるべきだと考えています。また、そうしないと、メディアがセンセーショナルに取り上げる言葉、たとえば、「介護殺人」や「介護地獄」などの言葉が独り歩きして、それこそ介護に対するネガティブなイメージばかりが増幅し、固定化されることになりかねません。

## 2.3　介護は正当評価され難い学問領域である

**阿　部**──本当に、そのとおりですね。これまでの議論を通じて、介護には、理念価値、実践価値、技法価値という３つの異なるカテゴリーの価値が併存するが故に、多くの人にとって「介護の専門性」を把握させ難くしている面がある、とのご指摘を頂きました。また、それ以外にも、国民の介護に対する理解、関心不足が、低水準の介護観を生み出し、それ故、介護に対する無関心が（介護の専門性に対する）低評価につながっているのではないか、というご意見もありました。これらはいずれも、重いご指摘です。なぜなら、わが国における介護に対するイメージは、非専門職という認識が根強いですし、しかも介護の専門家自身は、国民に「介護の専門性」を理解してもらいたいと思っても、日々の職務に追われ、そうするだけの時間的・体力的余裕もないケースが大半なわけですから……。

　ちなみに、先生方が指摘された点に関しては、先に名前が出ました西尾孝司氏の論考に、次の文章があります（下線は阿部による）。

> 　介護福祉援助の実践価値は「健康で文化的な日常生活の再構築」と「実存の充実」という二点に集約されると考えられる。……「主体性」「自己決定」「自己実現」という用語は、近代個人主義を背景とした言葉である。しかし、老いるとは個人としての能力が失われる過程であり、近代的個人が解体していく過程でもある。この過程にいる人への援助に近代個人主義に基礎を置いた思想を持ち込むことは誤りであろう。心身の機能が一定以上保たれている段階では通用するであろうが、心身の機能がある水準を下回ったときに近代個人主義は通用しなくなる。この時こそがより濃厚な介護福祉援助を必要としているときであり、<u>介護福祉援助の価値観はこの時点で有効な価値観でなければならない</u>。<sup>(8)</sup>

107

川口教授——我々は例外なく老い、しかも長寿の時代を生きることになります。だからこそ、かなりの確率で介護の世話になるのです。その介護を必要とするときに、西尾氏の表現を意識すれば、「有効ではない介護福祉援助の価値観」で介護をされることなど、誰も望まないでしょう。だからこそ、早い段階から介護の専門性（の重要性）に触れる教育機会が大切になると思うわけです。この点に関しては、後程、改めてお話ししたいと思います。

阿　　部——お話をお聞きしながら、介護とはつくづく重要性が正当評価され難い学問領域だな……との思いを強く抱きます。実際、国民の多くは、医療や看護には「高度専門職」のイメージを持っていても、介護に同様のイメージを持つ人は、果たしてどのくらいいるのだろうか……と。そして、この「介護の専門性」に関して、川口先生は前出の「介護をめぐる諸問題」（2016）の中で、次のように書かれています（下線は阿部による）。

　　　……だが、この実践力は介護福祉士にのみ求められる専門性でもないように思う。経験則から実践できる無資格者もいる。それでも、あえて介護の専門性を語るなら、こうした実践の法則性を理論として構築することに加え、介護に具現化された基本的人権を実現する行為を以て、より多くの人々に普及できる存在であり続ける力量だろう。その意味では、他の学問領域のように膨大な知識を駆使し確かな方法と深化した研究で語られる専門性とは、やや趣を異にするようである。（29頁）

　この下線部分、すなわち「介護に具現化された基本的人権を実現する行為を以て、より多くの人々に普及できる存在であり続ける力量だろう」の部分は、もちろん、第一義的には「介護福祉従事者側の力量」を示すわけですが、これまでのお話を聞いていると、それは同時に「国民が介護の重要性に気づき、それを受け入れ、理解する力量」をも含意してい

るように思われます。というのも、そのように考えれば、後半部分の「……
その意味では、他の学問領域のように膨大な知識を駆使し確かな方法と
深化した研究で語られる専門性とは、やや趣を異にするようである」に、
無理なくつながるように思われるからです。

　本質的には同じ内容のことを、しばらく議論していたようにも思いま
すが、それでは、現在のわが国では正当評価されることが難しい介護と
いう学問領域が、どうすれば医療や看護と同じように、より重要な専門
職として正当評価されやすくなるとお考えでしょうか? 先程までのお
話では、早い段階での介護教育が重要になるように思われますが、この
点について、もう少しお話し頂けませんでしょうか?


## 3．義務教育段階から「介護の重要性」を教育する


川口教授——極論に思われるかもしれませんが、私はこの現状を改善す
るためには、それこそ義務教育の早い段階から、生徒らに「介護に関す
る基礎教育」を提供すべきだと考えています。その最大の理由は、これ
までの議論からもお分かり頂けるように、その国の介護水準を左右する
根幹にあるのは、介護の専門家が生み出す言説よりも、国民の介護観で
あると考えるからです。そのため、早い段階から本来の「あるべき介護
観」を学ぶ機会を提供すべきだと思います。その際に「あるべき介護観」
のベースになるのは、「汚い」や「重労働」などの介護に対するイメー
ジばかりではなく、誰しもが老いて、介護が必要になる……という当た
り前の現実を認識させる介護教育です。

　大学や専門学校などでは、技術論と技術に裏打ちされた価値観、そし
て、それを体系化した理論を一体的に学ぶべきです。しかし、義務教育
段階となる小学生や中学生に対しては、「介助」の部分、すなわち技術

論の部分のみを教授するだけでも良いと考えています。そうした介助技術を学ぶことで、結果として介護の必要性や重要性に気付き、それと同時に、老いることは往々にして要介護になることでもあり、故にこうした介助技術が重要になってくる……という認識を醸成することになるからです。要するに、「自分が介護される側になった時」のことを考え、要介護者の観点を育む、ということです。また、新自由主義という弱肉強食的な資本主義観が根強い現代社会だからこそ、子どもたちが介護に付随する価値を学ぶことによって、資本主義経済の歪みの中では軽視されがちな要介護者や障害者への眼差しも変化すると思うわけです。

　早期の介護教育を行い、可能であれば、それを義務教育後にも広げる。それくらいの提言が必要だと思うほど、今の日本社会の「介護に対する眼差し」には、高齢者や障害者に対する眼差しも含め、まだまだ大きな歪みというか、偏りがあるように思うのです。


阿　　部——義務教育段階からの介護教育。それは確かに重要なご指摘だと考えます。ただし、高等学校の介護コースの教員ですら、介護福祉士、社会福祉士、精神保健福祉士などの有資格者は少数派です。その意味では、無資格教員が介護科目を担当している……というケースも散見されます。そうした実情を鑑みたとき、義務教育段階での教育者の確保は、かなり難しいのではないでしょうか？　この点について、小田先生は、どのように考えられますか？


小田教授——そうですね。まず、私も川口先生が提案された「義務教育段階からの介護教育」という考えには賛成します。その上で教育者の確保に関してですが、私は地域の教育機関と福祉機関はウインウインの関係になるべきだと考えておりますので、たとえば、介護のための追加的な教育時間を設けるというよりは、先に出てきました「職場体験学習」以外で考えるのであれば、たとえば「総合的な学習の時間」を用いて、地元の社会福祉協議会などとも連携する形で、担当者を確保する方法などが一案になると考えます。

阿　　部——職場体験学習は、介護を選択した生徒だけの体験になりますが、「総合的な学習の時間」を積極的に活用することになれば、より多くの生徒に対する教育機会が確保できますね。また、地域の社会的資源とつながることは、たしかに一つの選択肢です。それでは、こうした学習機会を義務教育以降で提供する場合、どうすれば良いでしょうか？ その点も含め、次のテーマに移行したいと思います。

## ４．公的責任の守備範囲

阿　　部——これまでの先生方とのお話を踏まえつつ、今回のアンケート、インタビュー調査結果を改めてみてみると、介護福祉をとりまく様々な課題の中核部分は、個人や福祉施設側の自助努力によって対処できるものではなく、劣悪な公的政策が生み出す制度や政策に起因するものであること、そして、それが非常に深刻であることを、改めて確認したように思います。また、先程お話のあった義務教育時における介助技術教育の重要性に関しても、個人的には賛同します。では、義務教育以降の段階では、どうすべきなのでしょうか？ この点に関して、川口先生は先の「介護をめぐる諸問題」（2016）で、次のように書かれていますね。

　　　なお、国立大学は介護福祉士養成課程を設置しておらず、国として介護人材育成に取り組む姿勢が感じられない。（28頁）

　また、「介護人材の不足——根底に横たわるネガティブイメージ」（2020）では、次のように明記されています。

本来、介護人材の養成・確保という社会的要請に応えることは国の責務である。(7頁)

川口教授——いろいろな考え方はあると思いますが、たとえば大学の一般教養課程に介護の入門資格である介護職員初任者研修（旧ヘルパー2級）[9] を組み込むのは一案だと考えます。経済学を専攻しても、政治学を専攻しても、超高齢社会という現実を前にした経済学、政治学を学ぶことになります。また、先にも述べたように、老いれば誰しも介護が必要になってくる……ということを、どれだけ多くの若年層がリアリティーを持って認識しているかによって、この国の介護観も変化するでしょうし、それが「介護の水準」を左右し得る大きな要因になると思います。その意味では、初任者研修の教育機会を設けることは、悪くない選択肢だと考えます。

　ですから、「介護人材の養成・確保という社会的要請に応えることは国の責務である」というのは、全くそのとおりなのですが、本来は国民に対して「介護福祉の重要性を認識させる程度の介護教育を行う」ことも、国家責任だと考えています。介護福祉従事者の人材確保や待遇改善はもちろん必要なことですが、義務教育時と義務教育後の介護教育を提供するところまでを含めて、国家責任の守備範囲だといいたいですね。

小田教授——大学の基礎教育に初任者研修を……というのは、私も一つの理想形だとは思います。ただ、そこには難しさもあると思うんです。というのは、介護に対する関心をほとんど持つことのない環境で育ってきた学生たちに、「介護は大切だよ」と伝えて、学習機会を提供したとしても、その科目を選択しない可能性も十分に想定されるわけですから。しかし、だからといって、科目履修を強制させるわけにもいきません。大学教育の良さの一つは、学びたい科目を自由に選択できることですし、基礎科目であれば、なおさらですよね。そうしたことを考えると、そもそも関心のない学生たちに、どうやって介護系科目を履修してもらえるようにするのか……。それは大きな課題だと思います。

阿　部——なるほど。小田先生のご指摘を踏まえると、大学教育の良さを損なわない方法で介護教育を提供することの難しさを痛感しますね。しかし、考え方によっては、だからこそ義務教育段階で、介護の重要性を学ぶ教育機会を設けることに、積極的な意味を見出せるともいえますね。

川口教授——義務教育後の難しさは、ご指摘のとおりです。ちなみに、義務教育後という時間軸をさらに広げて、（社会人が中心になる）社会運動という枠組みで捉えた場合、別な問題もみえてくると思います。一例を挙げれば、福祉・労働系の市民運動では、「人材を増やせ」、「待遇を改善せよ」といった声が上がります。その際の財源はどうするか……という議論は、ここでは取り上げないでおきますが、そうした要求それ自体は当然のものです。ただ、これまでに議論してきたような「あるべき介護観を育む」という意味での社会的な視点は、非常に乏しいのです。運動に参加する側の視野の狭さというべきなのでしょうか……。その意味では、公的責任を問う「意識ある国民の側」にも、それなりに課題が見受けられるのが実状ですね。

阿　部——川口先生が重視される職場の働きやすさを促すオルタナティブな運動 [10] も大切なわけですが、職場レベルよりも広い意味での運動論の実状には課題がある……という川口先生のご指摘には、同意せざるを得ないですね。
　なお、今回のテーマからは少し外れますので、今のお話の中では財源論については言及されませんでしたが、たしかに運動論者の多くは、国の財源に関して効果的な反論はできていないように思います。
　つまり、国には十分な財源がないので、やはり自己責任や地域社会での支え合いが重要になるという主張に対して、十分に反証できていないということです。当然ながら、こうした国の見解は、社会保障抑制政策への追認に収斂されるわけですが、しかし、国に「財源がない」という

主張については、かなり慎重な議論が必要になることが、先行研究によって確認されています[11]。

　ただし、どのような立ち位置にあったとしても、国際比較のデータをみる限り、特に「貧困の抑制」という観点から鑑みると、わが国の社会保障制度は、どう考えても非効率的だと評することができます[12]。この点は、別の機会に（本書では、結論部分で）取り上げるつもりですが、その意味でも、やはり公に求めるべきことは多いですね。

## 5．人材確保政策としての外国人留学生

阿　　部──ところで、介護福祉従事者の人材確保政策という意味では、留学生の増加という事実を指摘しないわけにはいきません。
　「ニッポンの介護学」というサイトには、次の文章が掲載されています。

　　　日本介護福祉士養成施設協会の調査によると、2015 年度の介護福祉士養成施設の入学者のうち、外国人留学者は 94 人。しかし、在留資格の創設などにより、その数は爆発的に増加。2019 年度では外国人留学生の数は 2,037 人と、2015 年度に比べて 20 倍近く増えているのです。[13]

　わずか 4 年間で 20 倍という事実には、驚くほかありません。その一方で、コロナ禍による今後の留学生確保の厳しさは、避け難いようにも思えます（第 2 章第 3 節参照）。こうした点を踏まえ、小田先生は、介護福祉士養成施設における留学生の増加について、どのように考えておられますか？

**小田教授**——そうですね。それに関しては、現任校のことで、お話をしたいと思います。本校では2019年から留学生を受け入れています。フィリピンとネパールなどからの留学生が中心になります。

　たしかに日本語の語学力は限られていますから、特に入学当初は大変です。また、私たち教員の方も、生活面も含めた総合的なサポート体制が必要となりますので、その意味でも大変です。しかし、彼ら彼女らは、祖国で多額の借金をして来日していることもあり、総じてまじめに勉強しています。

　留学生も日本人学生と同じように、国家試験の合格を目指しています。ただ、早い段階で介護現場に慣れるため、また、5年間の就労による国家試験の免除制度なども視野に入れ、多くの留学生は（在学時から）介護施設でアルバイトをしています。

　文化的な背景もあるのでしょうが、アルバイト先での留学生たちは笑顔が多く、総じて元気です。また、パターン化されている部分があるとはいえ、挨拶も含め、一通りのことはしています。ですから、現場における留学生の評価は、決して低くはないのです。この点は、阿部先生が書かれていた他の養成校の先生方と同意見ですね。ですから、留学生の増加それ自体を、否定的に捉えてはいません。たしかに、留学生斡旋業者とのつながりはありますが、横山先生のインタビュー内容とは異なり、幸い真面目な組織とのお付き合いにとどまっていますので、現時点では、大きな心配はしていません。

　あと、アジアの中でみると、やはり日本の施設では「人を丁寧にみる」ことが一般化しているわけです。その点は、他のアジア諸国と比べると大きな違いです。ですから、留学生が将来のある時点で祖国に戻った時に、日本式の「人を丁寧にみる」というスタンスを、彼ら彼女らの祖国の福祉領域に広めてくれることは、ある種の国際貢献になるのではないかと思っています。

　今後の課題としては、留学生たちが、日本国内の施設において、管理職になれるほどの語彙力や文化的理解度を習得できるのか……といわれたら、なかなかそうではない現実があるので、そうした点をどう考える

かですね。施設メンバーのサポートを得ることで、介護職員として一定の戦力になることはできても、それ以上は難しい。その点は大きな課題ですね。

　他には、介護分野における IC や AI、ロボットの活用にも触れておきたいですね。人材確保の一環として留学生の存在が大きくなっているわけですが、ノーリフトケアに代表されるように、ロボット的な介護技術は、今後、留学生の増加と並行して、飛躍的に向上すると考えられています。

　ただし、機器が導入されても、使いこなせなくては意味がありません。特に IT に関しては、事務的な側面での導入が加速化すると考えていますが、それを使いこなすのは、最終的には人の手になります。その意味では、現職教職員の知識を更新する現任教育の強化が極めて重要になりますが、経営体力的に課題のある福祉施設は少なくありません。また、経営体力の有無とは別に、メールが苦手で、今でも FAX という介護施設も、少なくないのが実状です。職員の高齢化も影響していますね。その意味では、施設も（先端技術に対応できるところと、できないところに）二極化しそうな気がします。


阿　　部──留学生による人材確保政策を否定的に捉えることで、留学生の介護福祉従事者それ自体をネガティブイメージで捉える人もいるわけですが、小田先生のご見解に依拠すると、現場の評価は必ずしもネガティブではない。そう考えると、現場と社会との認識には、少なからず乖離があるということになりますね。

　ただ、ICT の活用などに関しては、現実レベルでは小田先生が指摘されたとおり、事務処理部分における効率化がメインになるとは思いますが、政府としては、あくまでも人手不足対策として期待しているところがあります。実際、「特定技能の在留資格に係る制度の運用に関する方針の一部変更について」（令和2年2月28日 閣議決定）には、次の記述が認められます。

向こう5年間で30万人程度の人手不足が見込まれる中、今般の
　　受け入れは、介護ロボット、ICTの活用等による5年間で1%程度
　　（2万人程度）の生産性向上及び処遇改善や高齢者、女性の就業促
　　進等による追加的な国内人材の確保（22〜23万人）を行っても
　　なお不足すると見込まれる数を上限として受け入れるものであり、
　　過大な受入れ数とはなっていない。[14]

　このように、政府としては、ICTの活用が2万人程度のマンパワー相
当になるという皮算用をしています。机上の空論にしか思えないのです
が……。しかし、さらに空論に思えるのは、先の文章には「……高齢者、
女性の就業促進等による追加的な国内人材の確保（22〜23万人）を
行ってもなお不足する」とありますので、国としては、国内において、
すなわち、日本人の介護福祉従事者を22〜23万人は確保できるだろ
う……と、予測といいますか、期待している部分です。
　この政府の見積りというか、期待を込めた数値が、いかに楽観的過ぎ
るものであるかについて、ここでの詳細は控えますが、いずれにしても、
私たちの中では共通認識だと解釈しております。そこで、川口先生にお
尋ねしますが、先生は今後の人材確保政策に関しては、どういったお考
えをお持ちですか？

**川口教授**——この点は、先にも述べたことと重複するわけですが、人材
確保に関しては、間違いなく公的責任で対応すべき課題になると考えて
います。ただし、仮に（人材確保の観点から）大幅な待遇改善をしたと
しても、それを以て「国民の抱く介護観」が「介護の専門性」に対する
関心向上につながるわけではありません。
　個人的な見解になりますが、介護職に対して、国民が相応のリスペク
トを払うためには、人類史的にみて「老いる」ことの意味を、今までよ
りも自覚的に考えるべきですね。つまり、人権などの価値体系をバック
ボーンにした価値的技術の総和が介護であるからこそ、人間としての尊
厳を維持しつつ老いたいのであれば、老いと介護は表裏一体のものであ

ること、故に介護は超高齢社会における必須知識であることを認識する必要があります。そして、そのためには介護を義務教育段階から学ぶことに何ら不思議はない……という状況を真面目にイメージして、それを実践する必要があると思うのです。

阿　部——「介護の専門性」を育む上での特殊性、そして、この国で、これまでに定着した介護観を、そうそう簡単には変えることができないという現実。いくつもの重い課題を突き付けられたように思います。しかし、だからこそ、義務教育段階から介護教育を導入すべきというご見解には、その有用性という意味で納得できる部分が多々あったように思います。いずれにしましても、本日はお忙しいところ、本当にありがとうございました。

川口教授・小田教授——こちらこそ、ありがとうございました。


## 小括

　前章と本章を通じて、第1章から第3章までの分析結果も加味する形で、多角的な観点から3名の識者にそれぞれの思いを語って頂いた。立ち位置に若干の差異はあるように見受けられたが、大枠的にみれば、現状および今後に対する共通の危機意識が強く認められたといえよう。

　なお、インタビューを掲載した前章と本章に関して、筆者として付記しておきたいことがある。それは、たしかに「貧困の諸相」から、非積極的な理由で介護福祉系を含む福祉系学科・学部に進学した学生はいるものの、当然ながら、純粋に福祉を学びたい、福祉職に従事したいという思いで、同学科・学部に進学する優秀な学生も、同時に多数認められるという事実である。また、経済学や政治学を学ぶのと同じように、社会を理解する分析視角の一つとして社会福祉学を選択し、その結果として、卒業後は一般企業に就職したり、公務員になったりするケースも、

数多くみてきた。

　福祉系学科卒業生の進路は、養成施設の種類にもよるのであろうが、実は多種多様である。こうした点は、介護や福祉を学ぶ学生らの名誉にかかわる意味もあるため、敢えて強調しておきたい。

〔注〕
(1)　［横山壽一 2003］。
(2)　川口は、同記事の中で「今でも現場は、絶対的な介護士不足にあえいでいる。根底には、介護と言う仕事に対する『無意識で悪意のない見下し』があるのではないか」と指摘している。『朝日新聞』2020 年 6 月 3 日。
(3)　［川口啓子 2020］4 〜 14 頁。
(4)　［川口啓子 2016］26 〜 30 頁。
(5)　［川口啓子 2020］6 頁。
(6)　日本ロングライフ（2020）「介護と介助の違いとは？ 介助の主な種類を解説」https://www.j-longlife.co.jp/column/article/long-term_care_assistance/（最終閲覧 2021 年 8 月 21 日）
(7)　［西尾孝司 2016］81 頁。
(8)　同上、96 頁。
(9)　介護職員初任者研修とは、介護の基礎知識・スキルを証明するための入門資格としての位置づけであり、2013 年 4 月の制度変更により「ホームヘルパー 2 級」から名称変更された経緯がある。そうした事由もあり、同研修ば旧ヘルパー 2 級」ともいわれることがある。次を参照。藤井寿和（2021）「介護職員初任者研修（旧ヘルパー 2 級）とはどんな資格？ 介護職員初任者研修の資格について」https://www.acpa-main.org/（最終閲覧 2021 年 8 月 24 日）
(10)　［川口啓子 2020］5 頁。
(11)　［阿部敦 2020］1 〜 17 頁。
(12)　［阿部敦 2019］9 〜 53 頁。なお、これに関しては、本書「結論」の第 3 節「わが国の社会保障の有効度（貧困削減機能）は限定的である」も参照されたい。
(13)　株式会社 クーリエ（2020）「介護福祉士国家試験の完全義務化は見送り！ 人材の質と量を両立するには待遇の改善がマストに」https://www.minnanokaigo.com/news/kaigogaku/no804/（最終閲覧 2021 年 8 月 21 日）
(14)　「特定技能の在留資格に係る制度の運用に関する方針の一部変更について」（令和 2 年 2 月 28 日 閣議決定）https://www.moj.go.jp/isa/content/930004960.pdf（最終閲覧 2021 年 8 月 21 日）

# 結　論


　序論で述べたとおり、本書の課題は大きく分けて2つある。1つ目は、課題山積といわれて久しいわが国の介護福祉士養成教育および介護福祉をとりまく現状について、それらの実態に接近することである。2つ目は、1つ目の実態把握を踏まえた上で、現状改善に資する政策の大枠的な特徴について理解を深めることである。そしてこれまでの検証により、課題に対する筆者の認識は表明できたものと考えている。

　最後に、ここまでの知見を俯瞰的に捉えた場合、そこに見出せる「建設的な批判精神」を育成する教育機会の欠如と、ソーシャルワーカーの倫理綱領を踏まえた時に生じる「介護福祉士はケアワーカーではあっても、ソーシャルワーカーではないのか」という追加的な課題について指摘する。そして最終的に、「わが国の社会保障政策の有効度合い」に触れることで、筆者としての結語としたい。


## 1.　建設的な批判精神を育成する教育機会の欠如

　はじめに、「建設的な批判精神を育成する教育機会の欠如」について叙述する。

　介護福祉士を含む福祉系国家資格者養成機関の教育内容は、受験生確保のため、国家試験対策に偏重しやすい傾向にある。国家試験の合格率が、次年度の入学者数を左右する主要因となる以上、これは致し方のない面がある。しかしその結果、各種の公的制度や施策に内在する問題点を建設的な批判精神に依拠して検証し、代替案の提示などを行う能力を育成することは、担当教員が余程意識しない限り、非常に困難である。

　もっとも、そうした知識——たとえば、代替案に関する設問——は、

国家試験に出題されることはない。そうである以上、脱資格対策的な学習機会を担保することが容易でないのは、当然の帰結であろう。まして在学期間が短い専門学校や短期大学であれば、尚更である。

　それでは、こうした実情を踏まえた上で、今回の調査結果に目を向けると、どのようなことがいえるのであろうか。いくつもの知見を指摘できるが、その一つは、現行施策や制度に著しい問題が認められたとしても、政策主体への働きかけが希薄で、結果として現状を追認、もしくは容認する価値観を有する福祉系従事者が増加したことではなかろうか。要するに、在学中は（建設的批判精神に依拠して）公的政策を検証する機会に恵まれず、卒業後は現場での対応に忙殺され、制度改善に対する意識が高いとはいえない人材が輩出されやすくなるのではないか、ということである。実際、こうした指摘の妥当性を示唆する分析結果がある[1]。

　このような状況が合理的に想定されるからこそ、『最新 社会福祉士養成講座 精神保健福祉士養成講座 7 社会保障』［一般社団法人 日本ソーシャルワーク教育学校連盟（編）2021］に記載されている、次の文章の意義は大きいといえる。

　　　ソーシャルワーカーの実践は、各種の制度を用いて行い、また制度の枠組みのなかで行われるとともに、制度がどのようにあるべきかについても声をあげていくことが必要である。（同書「はじめに」）

　この一文は、ソーシャルワーカーである以上、必要となれば、制度改善に向けて声をあげるべきだ、という見解を明確に支持している。もちろん、こうしたソーシャルアクションへの肯定的評価は、社会福祉士や精神保健福祉士の養成時においてのみ当てはまるものではない。制度改善に向けて声をあげるべきは、介護福祉士とて同じである。

　しかし、第1章の分析結果が示唆するとおり、最新の介護福祉士養成テキストにおいて、ソーシャルアクションを促すような記述は、決し

て主流となる見解とはいえない。換言すれば、施設内における多職種間連携、協働は意識できても、地域社会における多職種間および福祉系以外の異職種間連携、協働をベースにしたソーシャルアクションや、アドボカシーなどへの気付きや知見に対しては、意識が向きにくい介護福祉士養成教育が想定される、ということである。


## 2. ソーシャルワーカーの職責としてのソーシャルアクション

　こうした可能性を鑑みたとき、現行の介護福祉士養成教育から生み出される人材は、「本来あるべきソーシャルワーカー像」とは、必ずしも一致しない可能性がある。また、こうした認識は、介護福祉士を単なるケアワーカーとは捉えない場合に、その重みを増すことになる。

　筆者は、介護福祉士を、単に介助を行うだけのケアワーカーとしては認識していない。彼ら彼女らは、たとえば、認知症の人の権利擁護などを意識することにより、アドボケイトやソーシャルアクションなどの重要性に自覚的な「対人援助従事者」であるべきだ、という見解を支持している。それは前掲の『最新 社会福祉士養成講座 精神保健福祉士養成講座 7 社会保障』に記載された、ソーシャルアクションの重要性を指摘する価値観と同一のものである。それ故、筆者はケアワーカーを、ソーシャルワーカーの一形態として位置付けている。言い換えれば、ケアワーカーの上位概念として、ソーシャルワーカーを位置付けている、ということである。

　このようなスタンスに立つ筆者であるが故に、わが国における「ソーシャルワーカーの倫理綱領」（日本ソーシャルワーカー連盟代表者会議 2020 年 6 月 2 日改訂）[2] の「Ⅲ 社会に対する倫理責任」の文章は、極めて重い意味を有することになる。当該箇所には、次の記述がある。

　　（ソーシャル・インクルージョン）ソーシャルワーカーは、あらゆる差別、貧困、抑圧、排除、無関心、暴力、環境破壊などに立ち

向かい、包摂的な社会をめざす。

（社会への働きかけ）ソーシャルワーカーは、人権と社会正義の増進において変革と開発が必要であるとみなすとき、人々の主体性を活かしながら、社会に働きかける。

（グローバル社会への働きかけ）ソーシャルワーカーは、人権と社会正義に関する課題を解決するため、全世界のソーシャルワーカーと連帯し、グローバル社会に働きかける。

このように、ソーシャルワーカーは社会改善勢力の一翼として、ソーシャルアクションを含む社会への働きかけを行うことが、本来的には職責とされている。その職責を平易な言葉で文章化したものが、前記の（社会福祉士・精神保健福祉士養成）テキストにみられた一文である。

もっとも、2020年4月現在、介護福祉士系の専門職団体は、日本ソーシャルワーカー連盟の会員には含まれていない（本書第4章の【表4-1】なども参照）。介護福祉士は、ソーシャルワーカーではなく、ケアワーカーとして別枠扱いされているのが実状である。

しかし、介護福祉を単なる介助技術ではないと捉えるのであれば、介護福祉士養成教育の内容を「ソーシャルワーカーたらしめる何か」を強調したものに改変することが重要になる。そして筆者は、その解の一つが、対人介助、対人援助の先にある「社会（ソーシャル）との関係性を強く意識した介護福祉士養成教育」の実施ではないか、と考えている。すなわち、前記「ソーシャルワーカーの倫理綱領」の「Ⅲ 社会に対する倫理責任」を強く意識した介護福祉士養成教育である。

介護福祉士という国家資格者を養成する上での教育内容が、時代に即してバージョンアップされる必要性は論を待たない。しかし、新しい主要テキストで「削除された項目」、ケースワーク、グループワーク、アセスメントに関する「簡略化された内容」、そしてコロナ禍における「リアリティの欠如した学内実習」は、本来あるべき介護福祉士の育成に資するものなのであろうか。また、そのような教育の先に、前記「ソーシャルワーカーの倫理綱領」が明示するような、ソーシャルアクションを含

む社会への働きかけを、本来的には「職責」とするような自覚を有する介護福祉士が育成され得るのであろうか。

　念のために記しておくが、こうした問いは、現実レベルでは、社会福祉士や精神保健福祉士などの福祉系国家資格養成教育にも当てはまる。すなわち、現行の資格重視型の教育では、担当教員が脱資格教育の重要性を意識しなければ、単にソーシャルウエルフェア領域のワーカーを育成することにとどまりはしないだろうか、と筆者は危惧している。

　とはいえ、語学力の制約が付随する外国人留学生の割合や、言語運用能力が高くないと現場教員から指摘される日本人学生の比率が高まっている介護福祉士養成教育にとって、「あるべき介護福祉士像」を具現化することは、他の福祉系国家資格のケースと比較しても、従来以上に高いハードルとなっていることは間違いない。この現状にどう向き合うべきか。その意味で、介護福祉士養成教員の個人レベルでの力量が、大きく問われることになるだろう。


## 3.　わが国の社会保障の有効度（貧困削減機能）は限定的である

　ところで、これまでの検証結果を踏まえた筆者の主張を鑑みたとき、少なくない読者からは、次のような批判が想定される。それは、「では、望ましい公的施策を実施する上での財源は、どうするつもりなのか」という反論である。換言すれば、「応能負担の原則」、「必要即応の原則」、そして「必要充足の原則」などをベースにした社会保障領域における公的政策の再構築、という主張に対する批判である。

　紙幅の見解上、財源確保に関する詳細は、拙稿 [3] に譲ることとする。その代わりに、ここでは財源の有無以前に、わが国における社会保障政策の有効度が低いという事実を以て、「財源確保以前の段階で、改善すべき余地は大いにある」という見解を提示しておきたい。これに関しては、「純合計社会支出（もしくは、純社会支出合計）」に関するデータを、2007 年、2013 年、2017 年の 3 つの時期に分けて概説する。

まず、貧困率の抑制という観点に依拠した場合、わが国の社会保障政策を肯定的に評することは困難である。その理由は、コロナ禍以前から、わが国の相対的貧困率が先進諸国の中で高いことは、周知の事実だからである。そうした前提の上で、社会保障政策の有効度を検証する今一つの手段として、純合計社会支出（net total social expenditure）に注目する手法がある。

　社会保障の規模を国際比較する場合、公的な社会支出が比較対象になることが少なくない。しかし、公的な社会支出が少ない国の場合、必要なニーズに対応するため、家計を中心とした私的部門の支出を増やさざるを得ない可能性が高くなる。換言すれば、負担の仕方は異なっても公私を併せたトータルとしての社会支出負担で捉えた方が、国家間の差異は小さくなるのではないか、という考え方である[4]。そこで、公私双方の負担を統合した（対 GDP 比の）指標として注目されるのが、前述した「純合計社会支出」である。

　これに関して、内閣府「社会保障・税一体改革の論点に関する研究報告書」に記載された 2007 年の結果をみると、「高福祉とされてきたスウェーデン（粗公的社会支出、対 GDP 比 32.1％）とアメリカ（同 17.4％）の差は、〔純合計社会支出でみた場合〕僅か 0.3％ポイント（＝ 27.8-27.5）に縮小した[5]」とある。また、同じ 2007 年の結果でみた場合、日本の純合計社会支出は、実は福祉国家と評される北欧のノルウェーやフィンランドよりも高く、全体としてみても OECD 平均を超えていることが確認できる[6]。その意味で、日本の純合計社会支出が低いわけではないことが理解される。

　ただし、純合計社会支出は OECD の平均以上であるにもかかわらず、日本の「貧困削減率」（2000 年代半ば）は、ほとんど最下位である。事実、OECD（2009）のデータから作成された「世帯の就業形態別の貧困削減率の国際比較」によると、「成人全員が就業している世帯」、「有業者がいる世帯」、「世帯主が労働年齢の全世帯」のいずれにおいても、貧困削減率はほぼ最下位に位置しているか、むしろ（いわゆる）逆機能を起こしている[7]。

こうした現実を踏まえ、大沢真理（東京大学名誉教授）は、「使っているお金は少なくないのに、貧困を抑えられていない。つまりは、きちんと再配分ができていない、コストパフォーマンスが悪いということなのです[8]」と指摘している。また、前出の内閣府「社会保障・税一体改革の論点に関する研究報告書」では、大沢の「歳入を増やして再分配を強化することは、私的負担の減少にもつながり、必ずしも公私をあわせた家計の純負担の全体を増やすことにはならない[9]」という見解を紹介している。要するに、公的責任による社会保障政策の規模とパフォーマンスの双方における改善が強く求められる、ということである。そして同様の見解は、その後のデータからも確認することができる。

　OECD（2016）の日本語資料「社会支出は多くのOECD諸国で、過去最高水準で高止まりしている」によると、「総公的社会支出、総私的社会支出、税制の影響を総合すると、純社会支出合計の指標が得られる」との記載がある[10]。前出の内閣府「社会保障・税一体改革の論点に関する研究報告書」では「純合計社会支出」が、OECDの日本語版資料では「純社会支出合計」になっており、表現に微妙な差があるが、その意味は同じである。事実、OECD（2016）の日本語資料の英語版（7頁目）では、「純社会支出合計」は "net total social expenditure" と表記されており、内閣府の報告書で明記されていた英語表現と同じになっている[11]。

　こうした前提を踏まえた上で、注目すべきは日本の「立ち位置」である。前記のOECD（2016）の資料——ただし、元データは2013年度——を基に作成した【表6-1】によると、日本の総公的社会支出は、純社会支出合計になると、その順位を大きく上げていることが確認される（→調査対象となった34カ国中の14位から6位へ上昇）[12]。これは、公的部門からの支出が少なく、総私的社会支出が多くならざるを得ないことから、純社会支出合計の国際比較では、結果的に順位が上がっていることを意味する。

　こうした日本と類似するケースは、オーストラリア、カナダ、アメリカにおいて見受けられる。その中で象徴的な国はアメリカである。実際、

【表 6-1】総公的社会支出と純社会支出合計の国際比較順位
（2013 年度）：対 GDP 比

| 国名 | 総公的社会支出の順位 | 純社会支出合計の順位 |
| --- | --- | --- |
| フランス | 1 | 1 |
| アメリカ | 24 | 2 |
| ベルギー | 3 | 3 |
| オランダ | 15 | 4 |
| デンマーク | 4 | 5 |
| 日本 | 14 | 6 |
| スウェーデン | 7 | 7 |
| イタリア | 5 | 8 |
| イギリス | 17 | 9 |
| ドイツ | 11 | 10 |
| ポルトガル | 10 | 11 |
| フィンランド | 2 | 12 |
| オーストリア | 6 | 13 |
| ギリシャ | 9 | 14 |
| スペイン | 8 | 15 |

出典：OECD（2016）「社会支出は多くの OECD 諸国で、過去最高水準で高止まりして
いる」（7 頁）を、筆者が再編したもの。具体的には、調査対象となった 34 カ国中、純
社会支出合計の上位 15 カ国までを掲載している。https://www.oecd.org/tokyo/news-
room/documents/OECD2016-Social-Expenditure-Update-Japanese-version.pdf（最終閲
覧 2021 年 8 月 26 日）。

　総公的社会支出の順位は（34 カ国中の）24 位にとどまるのに対して、
純社会支出合計では 2 位へと躍進している。その背後にあるのは、限
定的な公的医療保険をカバーする目的で、医療費の私的負担に多くの国
民が苦悩している現実である。
　アメリカは日本と同様に、純社会支出合計では上位に位置するものの、
貧困層拡大社会である。しかし【表 6-1】にある純社会支出合計の観点
からみた場合、そのアメリカや日本の前後に位置する国は、福祉国家の
ベルギー、デンマーク、スウェーデンである。オランダに至っては、総

公的社会支出の順位と純社会支出合計の順位のいずれにおいても、日本の近いところに位置している。しかし、これらの国の相対的貧困率は、OECD 経済審査報告書（2017）が示すように低くなっている[13]。これに対して、日本の相対的貧困率は、先進国 35 カ国中 7 番目に高く、主要 7 カ国ではアメリカに次いで 2 番目の高さとなっている。

　こうした現実を直視すれば、前出の大沢による（貧困の拡大を抑えられないという意味での）コストパフォーマンスの悪さを、2013 年時点においても再確認せざるを得ないといえよう。

　そして、前掲した調査項目に関する最新の OECD 国際比較データが【表6-2】になる。ここでは、純社会支出合計の上位 15 カ国のみを掲載しているが、2013 年度のデータとの比較で、同表にある 2017 年度の日本の順位をみると、「総公的社会支出」の順位は 14 位から 13 位へと大きな変化はみられない。しかし、「純社会支出合計」の順位は、6 位から 12 位へと明らかに低下していることが確認できる。

　それでは、日本が「純社会支出合計」の部分で、順位が低下した理由は何か。その詳細な理由について、OECD は明言していない。ただし、無理のない解釈の一つとして成立するのは、この間の可処分所得の低下に伴い、限定的な公的支出を補うだけの私的負担が過重になってきたことによる（純社会支出合計）順位の低下だという見解である。換言すれば、高所得者層にとっては必要経費の自己負担に大きな問題はないものの、低〜中所得者層にとっては、たとえば、医療や福祉分野における（健康上の理由等から、本来ならば支出した方が良いであろう）私的負担を抑制してでも、日々の食費や住居費等への支払いが優先されているということである。

　実際、わが国における相対的貧困率は、およそ 6.5 人に 1 人と高止まりしている[14]。また、この貧困率は、国際比較の観点からみても高い水準のままである。とりわけ、片親世帯の場合の相対的貧困率は、主要国中最下位水準にとどまっている[15]。しかも、当初所得ジニ係数と再分配所得ジニ係数を比較すれば、再分配後のジニ係数は、「2000 年代以降は、概ね横ばい」にあることが確認できる[16]。これらの事実は、

【表6-2】総公的社会支出と純社会支出合計の国際比較順位
（2017 年度）：対 GDP 比

| 国名 | 総公的社会支出の順位 | 純社会支出合計の順位 |
|---|---|---|
| フランス | 1 | 1 |
| アメリカ | 21 | 2 |
| ベルギー | 4 | 3 |
| ドイツ | 8 | 4 |
| デンマーク | 3 | 5 |
| スイス | 25 | 6 |
| イタリア | 5 | 7 |
| オランダ | 27 | 8 |
| フィンランド | 2 | 9 |
| スウェーデン | 7 | 10 |
| オーストリア | 6 | 11 |
| 日本 | 13 | 12 |
| イギリス | 17 | 13 |
| カナダ | 22 | 14 |
| ノルウェー | 9 | 15 |

出典：OECD（2020）"Social spending makes up 20％ of OECD GDP"（p.6）を、筆者が再編したもの。具体的には、調査対象となった 36 カ国中、純社会支出合計の上位 15 カ国までを掲載している。https://www.oecd.org/els/soc/OECD2020-Social-Expenditure-SOCX-Update.pdf（最終閲覧 2021 年 8 月 25 日）。

公的政策がなすべき改善策を十分にしてこなかったことを含意する。そして、多くの国民にとって、更なる私的負担の追加は、【表 6-1】と【表 6-2】との比較からも分かるように、非常に厳しい状況であることが容易に推察される。こうした事実を認めた場合、今日においてもなお、前記の大沢の見解──「使っているお金は少なくないのに、貧困を抑えられていない。つまりは、きちんと再配分ができていない、コストパフォーマンスが悪いということなのです」──を繰り返し指摘せざるを得ないのが実状である。

　たしかに、自己責任を重視する社会保障観は、自己責任であるが故に、

貧困率の削減に有効であるように捉えられがちである。しかし、そうした自己責任論を重視するアメリカや日本の社会保障政策が生み出す貧困の割合は、繰り返しになるが、高止まりしているのが現実である。なぜなら、貧困を生み出す主因が、自己責任によるものよりも、制度・政策的によるもの、すなわち、人為的な側面にあることが多いからである。


## 結 語

　本書を閉じるにあたり、第3章の「小括」で記載した、次の文章を再掲しておきたい。

　　　今回の調査結果は、間違いなく、介護福祉士養成教員らの厳しい現状認識を可視化させたものである。しかしそれだけではなく、彼ら彼女らによる回答が示唆する「現状および将来の課題」の相当部分が、現行の公的政策に起因するものである以上、「第一義的には、公的責任による改善を求めざるを得ない」という見解の可視化だともいえる。

　　　よって、前述した公的責任の強化を検討する際に重視しなければならないのは、「応能負担の原則」、「必要即応、必要充足の原則」をベースにした、社会保障領域における公的政策の再構築という視点である。

　本書で明らかにされた知見を要約したならば、それは上記の認識に集約することが可能である。しかし、仮に多くの国民が、政府と同じように、「自己責任」、「自助」、「互助」、「地域共生社会」などの語がもたらす社会保障概念の変更を望むのであれば、従来的な社会保障という言葉の意味合いは、事実上、死語となり、それに代わる言葉が、国民の支持と共に登場することになるだろう。もしくは、社会保障という言葉の意

味が上書きされることになるのかもしれない。それは当然ながら、前述したような公的政策の再構築という選択肢が生み出す社会とは異なる社会を生み出すことになる。

　それでは、そのような十分に想定可能な（ある意味、現在進行形の）日常——すなわち、公的責任の本来の意味が矮小化・形骸化された「新しい社会保障観」の下で生きる人生——を、われわれ国民は、どのように評価し、認識するのであろうか。仮にそうした自己責任が強く求められる社会に抗うのであれば、ソーシャルワーカーの職責であるソーシャルアクションを重視すべき姿勢は、福祉系従事者のみならず、実は国民全体に対して求められることになるのである。そのことは、間違いないといえよう。

〔注〕
(1)　［阿部敦 2018a］103 ～ 142 頁。
(2)　日本ソーシャルワーカー連盟「ソーシャルワーカーの倫理綱領」http://jfsw.org/code-of-ethics/（最終閲覧 2021 年 8 月 25 日）。なお、紙幅の関係上、本文中では取り上げなかったが、本来であれば、ここで「介護福祉士の倫理綱領」との比較が求められることになる。これに関しては、今後の論考に譲るが、参考までに次を参照されたい。社団法人 日本介護福祉士会（1995）「介護福祉士の職業倫理」https://www.jaccw.or.jp/about/rinri（最終閲覧 2020 年 8 月 30 日）
(3)　［阿部敦 2020］1 ～ 17 頁。
(4)　［宮本太郎（編）2011］154 ～ 155 頁。
(5)　内閣府「社会保障・税一体改革の論点に関する研究報告書」（2011 年 5 月 30 日）、20 頁。次を参照。https://www.cas.go.jp/jp/seisaku/syakaihosyou/syutyukento/dai9/siryou3-4.pdf（最終閲覧 2021 年 8 月 25 日）
(6)　同上、20 頁。
(7)　同上、16 頁。
(8)　［宮本太郎（編）2011］156 頁。
(9)　内閣府、前掲、20 頁。
(10)　OECD（2016）「社会支出は多くの OECD 諸国で、過去最高水準で高止まりしている」https://www.oecd.org/tokyo/newsroom/documents/OECD2016-Social-Expenditure-Update-Japanese-version.pdf（最終閲覧 2021 年 8 月 26 日）。
(11)　OECD (2016), Social Expenditure Update 2016: Social spending stays at

historically high levels in many countries. https://www.oecd.org/els/soc/OCD2016-Social-Expenditure-Update.pdf（最終閲覧 2021 年 8 月 26 日）。

（12）　同上、7 頁。

（13）　OECD（2017）「OECD 経済審査報告書 日本 April 2017 年 概要」
https://www.oecd.org/economy/surveys/Japan-2017-OECD-economic-survey-overview-japanese.pdf（最終閲覧 2021 年 8 月 26 日）

（14）　厚生労働省（2020）「2019 年 国民生活基礎調査の概況」14 頁。
https://www.mhlw.go.jp/toukei/saikin/hw/k-tyosa/k-tyosa19/dl/14.pdf（最終閲覧 2021 年 8 月 25 日）

（15）　日本財団（2021）「子どもの貧困対策」
https://www.nippon-foundation.or.jp/what/projects/ending_child_poverty（最終閲覧 2021 年 8 月 25 日）

（16）　井上誠一郎（2020）「日本の所得格差の動向と政策対応のあり方について」
https://www.rieti.go.jp/jp/special/af/data/060_inoue.pdf（最終閲覧 2021 年 8 月 25 日）

## 参考・引用文献等一覧

論文・書籍（著者名の五十音順）

浅原千里

    2017    「ソーシャルワークとケアワークの分離に至る過程——『社会福祉士法試案』から『社会福祉士及び介護福祉士法』成立までの議論分析」『日本福祉大学社会福祉論集』（136）。

赤堀将孝・亀山一義・宍戸聖弥・松本圭太・谷川和昭

    2020    「地域包括支援センター職員が抱く作業療法士の認識——計量テキスト分析による構造の把握」『作業療法』39（2）一般社団法人 日本作業療法士協会。

阿部敦

    2017    「現役大学生の有する『社会保障観』への接近——因子分析、クラスター分析、t検定、相関比を用いて」『社会福祉科学研究』（6）社会福祉科学研究所。

    2018a  『増補版 社会保障抑制下の国家・市民社会形成——社会保障・社会福祉教育の展開と市民社会の弱体化』金沢電子出版株式会社。

    2018b  『「新しい社会保障教育」政策と地域共生社会』関西学院大学出版会。

    2019    『日本の若者たちは社会保障をどう見ているのか』関西学院大学出版会。

    2020    「わが国の社会保障をとりまく識者らの見解——改善策の相違が生み出す対立構造」『九州ジャーナル オブ ソーシャルワーク』（3）九州ソーシャルワーク学会。

    2021a  「介護福祉士養成教育の現状と課題——横山壽一教授との対談記録」『九州ジャーナル オブ ソーシャルワーク』（4）九州ソーシャルワーク学会。

    2021b  「介護福祉士養成教育の現状と課題——川口啓子教授および小田史教授との対談記録」『九州ジャーナル オブ ソーシャルワーク』（4）九州ソーシャルワーク学会。

    2021c  「わが国の介護福祉士養成教員が抱く養成教育の現状認識——

KWIC からみた頻出語の用いられ方」『福祉と看護の研究誌』(8) 愛知高齢者福祉研究会。

阿部敦・馬場敏彰
   2021a 「介護福祉士養成政策の変容に関する一考察——介護福祉士養成テキスト 2018 年版と同 2019 年版の比較より」『国民医療』(349) 公益財団法人 日本医療総合研究所。
   2021b 「介護福祉士養成教員が抱く養成教育の現状認識——外国人学生の増加とコロナ禍における教育環境の激変期において」『国民医療』(351) 公益財団法人 日本医療総合研究所。
   2021c 「わが国の介護福祉士養成教員が抱く『介護福祉』をとりまく課題認識——階層的クラスター分析による『現状の課題』と『将来像』に関する一考察」『国民医療』(352) 公益財団法人 日本医療総合研究所。

一般社団法人 日本ソーシャルワーク教育学校連盟（編）
   2021 『最新 社会福祉士養成講座 精神保健福祉士養成講座 7 社会保障』中央法規。

井上ひろみ
   2021 「2021 年度報酬改定の概要と影響」『福祉のひろば』(617) 総合社会福祉研究所。

川口啓子
   2016 「介護をめぐる諸問題——介護福祉士養成校の学生にみる貧困の諸相」『いのちとくらし研究所報』(54) 非営利・協同総合研究所いのちとくらし。
   2020 「介護人材の不足——根底に横たわるネガティブイメージ」『国民医療』(345) 公益財団法人 日本医療総合研究所。

小堀智恵子
   2021 「保育は子どもと保護者の"生存権保障"」『福祉のひろば』(617) 総合社会福祉研究所。

全国福祉保育労働組合
   2021 「人を支える労働を守るために」『福祉のひろば』(619) 総合社会福祉研究所。

茶屋道拓哉・山下利恵子・有村玲香・大山朝子・高橋信行

2020a 「COVID-19 流行下におけるソーシャルワーク実習の模索①：学内代替実習の検討プロセスに着目して」『福祉社会学部論集』39（3）。

2020b 「COVID-19 流行下におけるソーシャルワーク実習の模索②：学内代替実習に対する一定の評価」『福祉社会学部論集』39（3）。

二木立

2020 「『全世代型社会保障検討会議中間報告』を複眼的に読む——『社会保障制度改革国民会議報告書』との異同を中心に」『文化連情報』（503）。

西尾孝司

2016 「介護福祉援助における実践価値の再検討」『淑徳大学研究紀要（総合福祉学部・コミュニティ政策学部）』（50）。

日本経済新聞社（編）

2020 『無駄だらけの社会保障』日経プレミアシリーズ。

宮本太郎（編）

2011 『弱者 99％社会——日本復興のための生活保障』幻冬舎。

安田光良

2021 「地域支援からみえるコロナ禍の状況」『福祉のひろば』（617）総合社会福祉研究所。

山崎光弘

2021 「政府のねらう"地域共生社会"とは何か——障害者・家族が求めてきた施策との根本的な違い」『福祉のひろば』（616）総合社会福祉研究所。

横山壽一

2003 『社会保障の市場化・営利化』新日本出版社。

その他

『朝日新聞』2020 年 6 月 3 日

『教育新聞』2020 年 12 月 21 日

# あとがき

　本書を刊行するにあたり、特に以下の方々に謝意を記すことで、あとがきに代えたいと思います。

　まず、私の問題意識を、介護福祉領域を含む分野へと広げて下さいました馬場敏彰先生、本当にありがとうございました。先生の存在なくして、本書は絶対に完成しませんでした。

　横山壽一先生、川口啓子先生、小田史先生には、お忙しいところインタビューへのご協力を頂き、深く感謝申し上げます。

　平川泰士先生、桑嶋晋平先生、村本浄司先生、橋本眞奈美先生、安藤学先生、檜枝洋記先生、水崎幸一先生、安斎育郎先生、石倉康次先生には、様々な意味でお世話になりました。また、校正等の部分では、山元理恵様、阿部志歩様からお力添えを頂きました。本当に、ありがとうございました。

　東京学芸大学出版会の編集委員の先生方には、査読をして頂き、深く感謝申し上げます。とりわけ、藤井健志先生には、編集面で大変お世話になりました。深く感謝申し上げます。

　ゼミ生の皆さんにも、お世話になりました。気持ち的には、前記の先生方同様、個人名を記載して、謝意を表したいところです。とはいえ、いきなり実名が本に掲載されたら驚くことでしょう。ですから、敢えてファーストネームをメインにローマ字表記で書いておきます。

Kaito S, Kenji I, Takuto S, Hideaki M, Yuya T, Kirara M, Karin N, Marina O, Kanae W さん、本当にありがとうございました。

　両親に対する感謝をベースに、お世話になった方々への感謝の気持ちを込めて、本著を閉じたいと思います。

2021 年 12 月

阿部　敦

## 本書を執筆する上で用いた公表済論文等（拙稿）一覧

第1章——

阿部敦・馬場敏彰（2021）「介護福祉士養成政策の変容に関する一考察——介護福祉士養成テキスト2018年度版と同2019年度版の比較より」『国民医療』（349）公益財団法人 日本医療総合研究所。

第2章——

阿部敦・馬場敏彰（2021）「介護福祉士養成教員が抱く養成教育の現状認識——外国人学生の増加とコロナ禍における教育環境の激変期において」『国民医療』（351）公益財団法人 日本医療総合研究所。

第3章——

阿部敦（2021）「わが国の介護福祉士養成教員が抱く養成教育の現状認識——KWICからみた頻出語の用いられ方」『福祉と看護の研究誌』（8）愛知高齢者福祉研究会。

阿部敦・馬場敏彰（2021）「わが国の介護福祉士養成教員が抱く『介護福祉』をとりまく課題認識——階層的クラスター分析による『現状の課題』と『将来像』に関する一考察」『国民医療』（352）公益財団法人 日本医療総合研究所。

第4章——

阿部敦（2021）「介護福祉士養成教育の現状と課題——横山壽一教授との対談記録」『九州ジャーナル オブ ソーシャルワーク』（4）九州ソーシャルワーク学会。

第5章——

阿部敦（2021）「介護福祉士養成教育の現状と課題——川口啓子教授および小田史教授との対談記録」『九州ジャーナル オブ ソーシャルワーク』（4）九州ソーシャルワーク学会。

総括——

阿部敦（2019）『日本の若者たちは社会保障をどう見ているのか』関西学院大学出版会。

＊なお、本書の第1章〜第3章までの論考（共著）は、データ収集部分を除き、阿部が筆頭著者として本文のほぼ全てを担当した経緯がある。それ故、本書への転用に関しては、共著者である馬場敏彰氏からの了解を得ている。

**著者紹介**

阿部 敦（あべ・あつし）

九州看護福祉大学 教授

金沢大学大学院 社会環境科学研究科 博士後期課程 修了

　博士（社会環境科学）（金沢大学）

　学士（人間科学）（早稲田大学）

後年、論文博士制度による学位取得

　博士（社会福祉学）（佛教大学）

主要著書：『日本の若者たちは社会保障をどう見ているのか』、『「新しい社会保障教育」政策と地域共生社会』、『増補版 社会保障抑制下の国家・市民社会形成――社会保障・社会福祉教育の展開と市民社会の弱体化』等

変革期における介護福祉士養成教育の現状
　――コロナ禍と留学生の存在を視野に入れて

2021 年 12 月 10 日　初版第 1 刷　発行

著　　者　阿部 敦
発 行 者　村松 泰子
発 行 所　東京学芸大学出版会
　　　　　〒 184-8501　東京都小金井市貫井北町 4-1-1　東京学芸大学構内
　　　　　TEL 042-329-7797　FAX 042-329-7798
　　　　　E-mail upress@u-gakugei.ac.jp
　　　　　http://www.u-gakugei.ac.jp/-upress/

装　　丁　田中渉 +Panda Blue
印刷・製本　小野高速印刷株式会社